CHRISTIAN SÄLZER UND NINA SCHELLHASE

Frankfurter Küchen

Rezepte aus zwölf Lieblingsrestaurants
Ein Koch- und Lesebuch

Zazie
VERLAG

IMPRESSUM

Christian Sälzer und Nina Schellhase
Frankfurter Küchen
Rezepte aus zwölf Lieblingsrestaurants
Ein Koch- und Lesebuch

Fotografien *Michael Hudler*
Foto-Assistenz *Eva-Marie Herbert*
Grafik Design und Illustrationen *Sebastian Schramm*
Lektorat und Reinzeichnung *Kim Hannah Hörbe*
Druck *Grafisches Centrum Cuno GmbH & Co. KG*

Erste Auflage, Frankfurt am Main 2005

ISBN 3-00-016763-3
www.frankfurter-kuechen.de

INHALT

Aufgetischt

1) AUBERGINENSALAT
Salz, Pfeffer, frische Tomaten, Petersilie und
2) BABYKALAMARIS 1 kg säubern mit kalten
FISCHSUPPE
Zwiebeln fein hacken in Olivenöl
+ Romana
DORADE für zwei + Gemüse

VORWORT

Essen ist fertig

Wie haben die das bloß gemacht? Das limonig-scharfe Aroma des Garnelensalates aus dem „Rama V" funkelt auf der Zunge, die Kalbsrolle aus dem „Blumen" gibt sich butterzart hin und das Amaretti-Mousse aus dem „Größenwahn" zeichnet ein dauerhaftes Grinsen ins Gesicht. Es sind diese besonderen Momente im Restaurant, in denen der Genuss regiert und der Wunsch entsteht, aus einfachen Zutaten wie Fisch und Limonen, Tomaten und Kräutern, Zucker und Sahne selbst solche Köstlichkeiten zu zaubern. „Frankfurter Küchen" erfüllt diesen Wunsch: Könner und Kennerinnen aus zwölf Lieblingsrestaurants der Stadt lüften ihre Geheimnisse und verraten ihre Rezepte.

Lieblingsrestaurants zeichnen sich nicht durch Gastro-Sterne oder armlange Weinkarten aus, sind weder aufgeregt noch aufgesetzt. Vielmehr sind es jene seltenen Orte von nebenan, in denen vorzügliches Essen auf den Tisch kommt, die aber noch mehr zu bieten haben: Geschichte, Charakter, Charme; in denen auf Etikette verzichtet und Stil – sei er auch eigenwillig – gelebt wird. Auf den folgenden Seiten werden Menschen vorgestellt, die solche Orte geprägt haben und dennoch unterschiedlicher kaum sein könnten. Der eine ist mit Schweinshaxe groß geworden, die andere mit Safranreis. Manche haben ihr Handwerk in Spitzenrestaurants gelernt, andere „bei Muttern". Doch ob Immer-schon-Koch oder im früheren Leben Geologe, Personalberaterin oder Schafhirte, allesamt hat es sie in ihre „Frankfurter Küche" verschlagen.

Das Buch erzählt die Geschichten dieser Menschen und ihrer Leidenschaft fürs Kochen. Von der Lust und der Last ihrer täglichen Arbeit inmitten von Bratendampf und Suppenkellen, schmutzigem Geschirr und gestärkten Tischtüchern. Vor allem aber erzählt es von ihrem Wissen: Sie alle haben aus ihren Speisekarten gleichermaßen typische wie besondere Menüs zusammengestellt, deren mehr als 100 Rezepte auf den folgenden Seiten beschrieben sind. Ein kulinarischer Schatz von Sachsenhausen bis Delhi, von Teheran bis Córdoba.

Dieser Schatz musste indes erst gehoben werden: Zwar sind sämtliche Gerichte schon hunderte, ja tausende Male gekocht worden, doch niedergeschrieben wurde ihre Zubereitung nur selten. Die Köche und Köchinnen vertrauen nicht Messbechern und Waagen, sondern folgen Erfahrung und Gefühl. Ihr Gespür für das richtige Maß ist in diesem Buch in Grammzahlen und Esslöffelmengen übersetzt. Gleichwohl ist ein Kochbuch kein Beipackzettel. Ob man aus den Rezepten die schnelle Vorspeise für den kleinen Hunger zubereitet, fünf Gänge für ein opulentes Mahl mit Freunden kocht oder aus den Menüs eigene Varianten kreiert – jederzeit kann wieder eine kräftige Prise Gefühl beigemischt werden.

„Frankfurter Küchen" ist ein Buch zum schauen, lesen und kochen. Mit Bildern aus den Restaurants, Geschichten aus der Stadt, Rezepten aus vielen Teilen der Welt und der Anregung, sich die Küchenschürze umzubinden. Denn Genuss ist machbar.

GRIECHISCHES MENÜ À LA

Alexis Sorbas

KALAMARAKIA
Gebratene Baby-Calamaretti mit Tomaten und Zitrone

MELITZANA
Auberginensalat

★

TAPATORIA
Kalte Joghurtsuppe mit Walnüssen und Dill

PSAROSOUPE
Fischsuppe

★

PASTIZIO
Nudel-Hackfleischauflauf mit Romanasalat

TSIPOURA
Dorade mit Oliven-Zitronen-Marinade auf mediterranem Gemüse

★

CRÈME GADAIFI
Zimt-Rosencreme im Nest aus Fadenteig

STEFANOS KIRGIANNAKIS, „ALEXIS SORBAS“

Niederrad am Meer

Stefanos Kirgiannakis ist das, was man einen ganzen Kerl nennt. Kein Mensch, der zweifelt, zögert oder nicht so recht weiß. Eher einer, der es gewohnt ist, in die Hand zu nehmen, zu entscheiden und Anweisungen zu geben. So jemand braucht nicht viele Worte. Warum auch ausschweifend werden, wenn sich doch alles in kargen Sätzen sagen lässt. Sobald der 52-Jährige jedoch über gutes Essen spricht, schwindet das Markige und offenbart sich seine charmante, ja sinnliche Seite. Plötzlich steht man auf einem Markt in Griechenland und riecht die Fische, die eben erst aus der Ägäis gezogen wurden. Man spürt die kühle Prise in dem Bergdorf Metsovo, wo ein einzigartiger Feta nach uralter Art in Holzfässern reift. Man sitzt inmitten des Trubels der Tavernen in der Altstadt von Thessaloniki, „den besten des Landes“ und kippt noch einen Ouzo. Und man sieht Stefanos Kirgiannakis, wie er den Grill anheizt, Doraden darauf brät und etwas Zitronensaft darüber träufelt. Wenn er von all dem erzählt, wird spürbar, welch butterweiches Genießer-Herz in seiner Brust schlägt.

Vor mehr als dreißig Jahren kehrte Kirgiannakis seiner Heimatstadt Serres nahe Thessaloniki den Rücken und studierte in Frankfurt Geologie. Nebenbei kellnerte er in einer griechischen Kneipe, dem Alexis Sorbas, in der Güntherstraße in Niederrad. Das aber war der Anfang vom Ende seiner eingehenden Beschäftigung mit den Gesteinsschichten dieser Welt. Hier in der Kneipe tat sich eine andere Chance auf und Stefanos Kirgiannakis wäre nicht Stefanos Kirgiannakis, hätte er sie nicht ergriffen: sein eigener Herr zu werden. Als gerade mal 26-Jähriger übernahm er den Laden und krempelte ihn seinen Vorstellungen entsprechend um. „Das Sorbas ist mein Werk“, sagt er heute in der für ihn so typischen Art – kurz und bestimmt. Das leichte Lächeln dabei jedoch verrät, wie stolz er darauf ist, in einer Gegend, die für gastronomische Höhepunkte wahrlich nicht bekannt ist, eine der feinsten griechischen Adressen der Stadt etabliert zu haben.

Die Güntherstraße liegt in einem schmucklosen Wohngebiet, dessen Attraktionen ein Gebrauchtwagen-Handel und ein Supermarkt sind. Wer würde hier in einem griechischen Restaurant nicht ein Lokal vermuten, in dem in Olivenöl ertränktes Moussaka serviert wird und Säulen aus Pappmaschee hellenisches Flair verbreiten sollen. Doch so etwas gibt es im Hoheitsgebiet von Stefanos Kirgiannakis nicht. „Wir bieten eine feine, moderne griechische Küche.“ In dieser werden die Werte traditioneller griechischer Kochkunst gewahrt, die Zubereitungen jedoch immer wieder verfeinert: So gibt es statt Feta eine Feta Crème brulée und aus der klassischen Nachspeise Joghurt mit Honig und Nüssen wird ein Honigparfait. Der Patrone weiß, wie es geht, und er weiß, wann ein Essen gut ist und wann nicht. Denn: „Ich bin Empiriker.“ Unzählige Male habe er zugeschaut, lange Jahre selbst in der Küche gestanden und ausprobiert. Und entschieden, wie es laufen muss.

Die Rezepturen der Gerichte, die Auswahl der Weine aus Drama, Makedonia oder Santorini, die Art, wie die Speisen angerichtet werden – jedem Detail im Alexis Sorbas hat Stefanos Kirgiannakis seinen Stempel aufgedrückt. Nur das Kommando in der Küche hat er inzwischen seiner Schwägerin anvertraut. Längst nämlich tanzt er auf mehreren und nicht gerade kleinen Hochzeiten. So hat er im vergangenen Jahr gemeinsam mit Stelios Kokkinoplitis, Inhaber des Parthenon in Sachsenhausen, das Nizza übernommen, jenen edlen Neubau am Mainufer. „Ein risikoreicher Schritt“, sagt er zu der Entscheidung, die ihn zu einem Gastro-Manager hat werden lassen. Im Nizza befehligt er ein Heer von Beschäftigten, darunter allein 15 Köche. Vorbei ist es mit der Überschaubarkeit des Familienbetriebs. Wahrscheinlich fährt er genau deshalb jeden Tag für einige Stunden nach Niederrad und sieht hier nach dem Rechten. Schließlich ist das Alexis Sorbas der Ort in Frankfurt, in dem er den Tavernen, Fischmärkten und Bergdörfern Griechenlands am nächsten ist.

KALAMARAKIA — *Gebratene Baby-Calamaretti mit Tomaten und Zitrone*

Calamaretti frisch zu kaufen und sie selbst auszunehmen, kostet etwas Zeit. „Dafür bekommt man so die besten", sagt Stefanos Kirgiannakis. Sein Tipp: je heller die Calamaretti sind, desto frischer sind sie auch.

Für 4–6 Personen
1 kg Baby-Calamaretti
Salz
Olivenöl
1 rote Zwiebel, fein gewürfelt
2 Tomaten, fein gewürfelt
2 Knoblauchzehen, in Scheiben geschnitten
schwarzer Pfeffer
1 Zitrone, in Scheiben geschnitten

Die Baby-Calamaretti zunächst ausnehmen, das heißt den Kopf vom Körper trennen, den Tintenbeutel entfernen und Schulp (das plastigartige Skelett) herausziehen. Für dieses Gericht braucht man nur die tubenartigen Körper. Diese waschen und dabei die dünne lila schimmernde Haut abziehen. Gut abtrocknen und salzen.

Eine beschichtete Pfanne heiß werden lassen und die Calamaretti darin von beiden Seiten ohne Öl anbraten. Erst wenn die ganze Flüssigkeit aus ihnen herausgelaufen ist, das Olivenöl hinzugeben, sonst spritzt es zu sehr. Nun die Zwiebel, die Tomaten und den Knoblauch in die Pfanne geben und ebenfalls anbraten, pfeffern. Zum Schluss kommen die Zitronenscheiben in die Pfanne, kurz mitbraten. Sofort servieren.

MELITZANA — *Auberginensalat*

Ein Klassiker unter den mediterranen Vorspeisen, der ohne einen ordentlichen Schuss Olivenöl seinen Geschmack nicht vollends entfalten kann. Kretisches, denn wenn es nach Stefanos Kirgiannakis geht, kommt von der größten aller griechischen Inseln das beste Olivenöl überhaupt.

Für 4 Personen
4 mittelgroße Auberginen
2–3 Knoblauchzehen, fein gehackt
2 EL Walnüsse, zerdrückt
Salz und Pfeffer
6 EL gutes Olivenöl
2 EL Weißweinessig
2 kleine Tomaten, fein gewürfelt
Petersilie, gehackt

Die Auberginen mehrfach mit der Gabel einstechen. Bei 200 bis 220 Grad im Ofen 30 bis 45 Minuten backen, bis das Fleisch der Auberginen weich ist. Etwas abkühlen lassen und dann mit den Fingern die violette Schale entfernen. Das Fleisch mit einem Messer fünf oder sechs Mal längs einschneiden – dabei Stil und Blüte nicht entfernen.

Zum Servieren die Auberginen aufgefächert auf einem Teller anrichten. Mit dem Knoblauch und den Walnüssen bestreuen, salzen und pfeffern. Mit dem Olivenöl und dem Weißweinessig marinieren und als Farbtupfer noch die Tomaten und die Petersilie drüberstreuen. Wer noch warten kann, lässt den Salat eine Viertelstunde abkühlen und ziehen. Wer nicht, lässt ihn sich lauwarm schmecken.

TAPATORIA — *Kalte Joghurtsuppe mit Walnüssen und Dill*

Cremig muss er sein, der Joghurt aus dem diese kalte Köstlichkeit gerührt wird. Stefanos Kirgiannakis verwendet Sahnejoghurt, natürlich den griechischen.

Für 4 Personen
4 Scheiben Toast
2 Knoblauchzehen, gepresst
300 g griech. Sahnejoghurt (10 % Fett)
0,3 l kaltes Mineralwasser
1 Hand voll Eiswürfel, zerstoßen
Salz
1–2 EL Walnüsse, grob gehackt
½ Gurke, entkernt und fein gewürfelt
2 EL Dill, fein gehackt
8 Blätter Minze

Den Toast zusammen mit dem Knoblauch in einem Schälchen mit Wasser einweichen. Wenn das Brot richtig aufgeweicht ist, herausnehmen, ausdrücken und mit dem Sahnejoghurt verrühren. Das Mineralwasser aufgießen, die Eiswürfel dazugeben und ebenfalls unterrühren. Mit Salz abschmecken. Nun kommen die bissfesten Zutaten an die Reihe: die Walnüsse und die Gurke unterrühren. Die Suppe auf vier Schalen verteilen und jede mit Dill und Minze garnieren.

PSAROSOUPE — *Fischsuppe*

Fischsuppe ist in Griechenland nicht unbedingt eine Vorspeise. Wenn sie als Hauptspeise serviert wird, reicht man den Fisch allerdings auf einer extra Platte. Besonders schmackhaft wird die Suppe, wenn die Fischköpfe mitgekocht werden – vor dem Essen werden sie natürlich entfernt. Ein Tipp aus der Alexis-Sorbas-Küche: Rotbarsch eignet sich am besten für die Suppe – ein finster dreinblickender Unterwasser-Genosse, dessen Fleisch fest und nahrhaft ist. Wer keinen Rotbarsch bekommt, kann aber auch jeden anderen Fisch mit festem weißen Fleisch verwenden.

Das Olivenöl in einem großen Topf erhitzen. Die Zwiebel glasig dünsten. Die Kartoffeln hinzugeben und einige Minuten anbraten. Mit dem Weißwein ablöschen. Diese Mischung jetzt zehn Minuten kochen, damit der Geschmack des Olivenöls sich mit den Kartoffeln verbinden kann. Nun das Wasser aufgießen und weitere zehn Minuten kochen. Den Sellerie und den Safran dazugeben, der für die sattgelbe Farbe der Suppe sorgt. Weitere zehn Minuten kochen.

Jetzt ist der Fisch an der Reihe: Da er nicht so lange kochen muss, soll er erst gut fünf Minuten vor Schluss in die Suppe. Sobald er gar ist, ein wenig Brühe abschöpfen und mit dem Zitronensaft und der Speisestärke glatt rühren. Diese Mischung wieder in die Suppe einrühren. Damit die Stärke andickt, muss die Suppe noch einmal kurz aufkochen. Sobald das geschehen ist, die Suppe vom Herd nehmen und mit Salz abschmecken. Den Fisch mit einer Schöpfkelle herausangeln und in mundgerechte Stücke, möglichst ohne Gräten, zerteilen und wieder in die Suppe geben. Wer ganz auf Nummer sicher gehen will, kann den Fisch auch in einem Sieb in den Topf hängen und im Dampf kochen.

Für 4–6 Personen
6 EL Olivenöl
1 große Gemüsezwiebel, fein gewürfelt
2 Kartoffeln, in 1 cm große Würfel geschnitten
1 Glas Weißwein
1 l Wasser
2 Stangen Sellerie, in Scheiben geschnitten
1 Prise Safran
500 g Rotbarsch (z. B. das Schwanzstück)
500 g Seehecht
Saft von 2 Zitronen
½ EL Speisestärke
Salz

PASTIZIO — *Nudel-Hackfleischauflauf mit Romanasalat*

Pastizio ist ein griechisches „Volksessen“. Man bekommt es weniger im Restaurant, als vielmehr in der Taverne an der Ecke.

Die Maccharoni in einem Topf mit reichlich Salzwasser al dente kochen. Da sie später noch in den Backofen kommen, sollten sie auf keinen Fall zu weich gekocht sein. Die Nudeln in einem Sieb abtropfen und mit kaltem Wasser abschrecken. In einer Schüssel mit der Sahne vermengen – so bleiben sie später besonders saftig. Die Zwiebel und den Knoblauch in einem Topf mit etwas Öl anbraten, das Hackfleisch hinzugeben und so lange unter Rühren braten, bis keine großen Fleischstücke mehr zu sehen sind und die kleinen Fleischbröckchen rundum angebräunt sind. Jetzt mit dem Weißwein ablöschen und mit dem Rosmarin, den Lorbeerblättern, Salz und Pfeffer würzen. Die passierten Tomaten, das Tomatenmark und die restlichen Kräuter unterrühren. Kochen bis die Flüssigkeit nahezu ganz eingezogen ist, dann den Topf vom Herd nehmen.

In einem zweiten Topf die Béchamelsauce anrühren. Hierfür die Butter schmelzen und das Mehl einrühren. Den Brei mit der Milch ablöschen, aufkochen und glatt rühren. Es sollen keine Klümpchen in der Sauce bleiben. Mit Salz, Pfeffer und Muskat würzen. Ganz zum Schluss noch ein Ei unterrühren. Die Sauce sollte zu diesem Zeitpunkt nicht mehr kochen, da das Ei sonst stockt und sich nicht mit der Sauce verbindet.

Jetzt geht es ans Füllen der Form: Zuerst zwei Drittel der Nudeln in eine längliche Auflaufform schichten, anschließend die Hackfleischmasse gleichmäßig darauf verteilen, dann den Rest der Nudeln und als oberste Schicht die Béchamelsauce. Den Auflauf mit dem Schafskäse belegen und bei 180 Grad für etwa 20 Minuten backen.

Für den Salat die Blätter in zwei Zentimeter breite Streifen schneiden. Auf einer Platte anrichten, mit Öl und Essig anmachen und mit Salz und Pfeffer würzen. Mit Tomate, Frühlingszwiebeln und Dill garnieren.

Für 4–6 Personen
400 g dicke, lange Maccharoni
6 EL Sahne
1 Zwiebel, fein gewürfelt
2 Knoblauchzehen, fein gehackt
Olivenöl
500 g gemischtes Hackfleisch
1 kleines Glas Weißwein
2 Rosmarinzweige
3 Lorbeerblätter, Salz und Pfeffer
1 kleine Dose passierte Tomaten
2 EL Tomatenmark
je 1 EL Minze, Basilikum, Petersilie
150 g Schafskäse, gerieben
Béchamelsauce:
125 g Butter
4 EL Mehl, ½ l Milch
Salz, Pfeffer und Muskat
1 Ei
Salat:
1 Kopf Romanasalat
5 EL Olivenöl
2 EL Weißweinessig
Salz und Pfeffer
1 große Tomate, fein gewürfelt
2 Frühlingszwiebeln, in feine Ringe geschnitten
1 EL Dill, fein gehackt

TSIPOURA — *Dorade mit Oliven-Zitronen-Marinade auf mediterranem Gemüse*

Die Dorade oder Goldbrasse ist besonders wegen ihres feinen, weissen und mageren Fleisches beliebt. Im Gemüsebett im Ofen gegart ist sie ein Gericht, das wegen seiner unkomplizierten Zubereitung besonders für Gäste geeignet ist. Sobald die Dorade im Ofen verschwunden ist, beachtet man sie nicht weiter, bis sie als goldbraune Köstlichkeit wieder aus demselben herauskommt. Wer sich nicht traut, den Fisch selbst auszunehmen, kann den Fischhändler bitten, diesen Arbeitsschritt zu übernehmen. Hat die Dorade noch rote Kiemen, ist sie frisch. Riechen sollte sie weniger nach Fisch, sondern nach dem großen weiten Meer.

Den Fisch entweder direkt beim Fischhändler ausnehmen lassen oder zuhause ausnehmen, gut waschen und trocknen. Von innen und außen salzen und pfeffern. Ebenso mit Olivenöl und dem Zitronensaft beträufeln. Die Rosmarinzweige in die Fischbäuche legen. Eine große Auflaufform mit dem gemischten Gemüse sowie den Zwiebeln auslegen – je bunter die Auswahl, desto schöner und geschmacksintensiver das Ergebnis – und die Doraden darauf betten. Alles mit Knoblauch, dem Salz, Pfeffer, dem Paprikapulver, den Lorbeerblättern und Kräutern würzen und das restliche Öl über Gemüse und Fisch verteilen und bei 180 Grad 30 bis 45 Minuten backen.

Für 4–6 Personen
2 Doraden à 800g
Salz und Pfeffer
10 EL Olivenöl
Saft von 1–2 Zitronen
4 Rosmarinzweige
1 kg gemischtes Mittelmeergemüse (Tomaten, Karotten, Zucchini, Paprika, Sellerie o.ä.), grob gewürfelt
2 rote Zwiebeln, grob gewürfelt
2 Knoblauchzehen, in Scheiben
1–2 TL Salz
Pfeffer
½ TL Paprikapulver
3 Lorbeerblätter
getrocknete Kräuter nach Geschmack

CRÈME GADAIFI — *Zimt-Rosencreme im Nest aus Fadenteig*

Eine süße Creme aus der Alexis-Sorbas-Küche, die ohne Joghurt, Honig und Nüsse auskommt – sonst oft die Hauptdarsteller griechischer Nachspeisen. Den Fadenteig – wie der Name schon sagt ein in sehr feine Fäden geschnittener Teig – haben glücklicherweise schon andere vorbereitet. Es gibt ihn in jedem gut sortierten griechischen Laden.

Milch, Sahne, Rosenwasser und Zucker in einem Topf erhitzen. Die Speisestärke separat in etwas von der Flüssigkeit auflösen, in den Topf einrühren und aufkochen bis die Stärke ihre Wirkung entfaltet und die Milch andickt. Den Topf vom Herd nehmen und die Flüssigkeit etwas abkühlen lassen. Die vorher in kaltem Wasser eingeweichte Gelatine mit einem Teil der Milch auflösen, dann unterrühren. Die Masse in eine längliche Auflaufform füllen und im Kühlschrank am besten über Nacht kalt stellen.

Für die Nester den Fadenteig über die Unterseite einer feuerfesten Schüssel drücken und kurz bei 180 Grad im Ofen backen. Die Nester auskühlen lassen und mit der Rosencreme füllen. Nach Geschmack mit Zimt bestreuen oder mit einer Fruchtsauce zum Beispiel aus pürierten Erdbeeren und Puderzucker beträufeln.

Für 6–8 Personen
Creme:
400 ml Milch
400 ml Sahne
1–2 EL Rosenwasser, nach Geschmack mehr
150g Zucker
4 EL Speisestärke
3 Blatt Gelatine, eingeweicht
Nester:
½ Pck. Fadenteig
Zimt

ALEXIS SORBAS
Griechisch-Mediterrane Küche

SPANISCHES MENÜ À LA

Andalucia

GAZPACHO ANDALUZ

Kalte andalusische Gemüsesuppe

★

PATATAS BRAVAS

Bratkartoffeln mit pikanter Sauce

CHORIZO FLAMBEADO

Flambierte Paprikawurst

CROQUETAS DE PESCADO

Fischkroketten

GAMBAS AL AJILLO

Garnelen in Knoblauchöl

CHAMPIÑONES

Gebratene Champignons

ALIOLI

Knoblauch-Mayonnaise

★

PISTO

Spanischer Gemüsetopf

POLLO CON CIRUELAS Y PASAS

Hühnchen in Pflaumen-Rosinen-Sauce

★

CREMA CATALANA

Katalanische Creme

HELADO CON FRUTOS SECOS

Eis mit karamellisierten Nüssen

JOSÉ LASTRES-JULIÁ, „ANDALUCIA“

Der Kochmopolit

Zeig mir deine Hände und ich sage dir, was du machst. Die Handflächen von José Lastres-Juliá sind gezeichnet von Hornhaut, Brandblasen und tiefen Schnitten. Weh tun sie ihm manchmal schon, aber der Spanier, der seit vier Jahren die Küche im Andalucia in Bockenheim führt, ist hart im Nehmen. „Wenn du mit einer Frau zusammenleben kannst, kannst du alles aushalten“, sagt er, zwinkert mit den Augen und wird ein bisschen rot.

Die Lebensgeschichte des in Córdoba geborenen Lastres-Juliá ist bewegt und gewürzt mit internationalen Stationen und prominenten Gästen. Seine kulinarische Karriere, mit deren Geschichten er schon heute Bücher füllen könnte, verdankt er einem tragischen Umstand: Seine Mutter starb, als er erst acht Jahre alt war. Kurzerhand schnappte ihn sein älterer Bruder und beide wanderten nach Australien aus. Das war seine Chance. Schon bald heuerte „klein José“ im Hafen von Queen Island auf einem Passagierdampfer an und avancierte schnell vom Kartoffelschäler zum Nachwuchs-Smutje. Als jungen Mann zog es ihn mal hier, mal dort hin. José Lastres-Juliá hat für betuchte Urlauber, die spanische Konsulin in Mailand und sogar für Spaniens Kronprinz Felipe gekocht. Für den Koch war das ein eher stressiger Termin: „In der Küche standen die ganze Zeit seine Vorkoster.“ Lastres-Juliás persönliches Highlight ist England. Auf der Insel sorgte der leidenschaftliche Barça-Fan als zweiter Koch für das leibliche Wohl der Spieler vom FC Liverpool. Es gab viel Fisch, Nudeln und wenig Sauce. „Auf dem Tisch mussten nur immer ein paar Pitcher Bier stehen, dann waren die Jungs glücklich.“

José Lastres-Juliá kennt die Küchen der Welt. Im Andalucia kocht er sich kreuz und quer durch Spanien: Paella aus Valencia, Tintenfisch aus Galizien, Gazpacho aus Andalusien, Crema Catalana zum Dessert. Nicht zu vergessen die Tapas, bei denen er seine andalusische Herkunft nicht verbergen kann. Zu gern aromatisiert er Chorizo, Champiñones oder Gambas wie in seiner Heimat üblich mit ein paar Spritzern Sherry, dem Aperitif- und Dessertwein aus der Gegend um Jerez. Wenn er kocht, wird der großgewachsene Spanier zum Jongleur. Scheinbar gleichzeitig lässt er – allez hopp – Zutaten in Töpfe fliegen, schwenkt Pfannen, schmeckt ab und garniert – zack, zack – die Teller.

„Vorbereitung ist alles“, sagt er. Auch wenn das bedeutet, alle zwei Tage einen Sack Knoblauch zu schälen – die pikante Note, die zur iberischen Küche gehört wie der Flamenco zum Spanienklischee, hat eben ihren Preis. Das Lob für seine Kochkünste holt sich Lastres-Juliá selten persönlich ab. Ein volles Restaurant kann ihn zwar nicht aus der Ruhe bringen, der Trubel im Gastraum schon. Boris Kamp, der das Andalucia vor einem Jahr mit seinem Partner Dr. Hans-Hagen von Kiparski übernommen hat, verträgt das schon besser. Hier, wo nicht nur die Servietten in rot-gelb ein spanisches Flair verbreiten, ist gerade sein zweites Zuhause, denn während sich sein Partner vom Büro aus um die Bürokratie kümmert, ist Kamp, dessen spanische Mutter ihm die Liebe zum mediterranen Lebensgefühl vererbte, der Mann fürs laufende Geschäft, jeden Tag.

Das Andalucia brummt. Seit Jahren ist der gemütliche Spanier in Bockenheim – mit den Holztischen aus der Rhön – allabendlich ausgebucht und hat die Herzen vieler Gäste erobert. Das Restaurant ist aber nicht nur der „Spanier von nebenan“ für die Nachbarn aus Bockenheim. Nicht selten kommen die Gäste aus dem Taunus angereist. José Lastres-Juliá freut sich, wenn alle Tische besetzt sind und der Geräuschpegel im Restaurant auf spanische Verhältnisse anschwillt. Dann tanzt er in seiner Arena und entfaltet die spanische Küche in all ihren Facetten. Es muss ja nicht immer Paella sein. „Ich liebe es zu variieren“, sagt der Koch und während er sich in kulinarische Höhen redet, packt ihn das Gefühl und seine Augen beginnen zu glänzen. Der Mann aus dem Andalucia kocht sich die Finger wund, doch das verschmerzt er gern. Liebe heißt eben auch manchmal leiden.

GAZPACHO ANDALUZ — *Kalte andalusische Gemüsesuppe*

Die kalte Gemüsesuppe aus Südspanien ist ideal für heiße Sommertage. Sie erfrischt, macht auf angenehm leichte Weise satt und ist eine pralle Vitaminbombe. Ursprünglich kam die Gazpacho als kalte Knoblauchsuppe aus Arabien, spanische Bauern verfeinerten sie mit frischem Gartengemüse. Als Dekoration für die Gazpacho empfiehlt José Lastres-Juliá selbst gemachte Croutons.

Zunächst das Gemüse, anschließend das Brot und zuletzt Essig und Olivenöl in den Mixer geben und pürieren. Das Wasser hinzugeben und die Suppe mit dem Salz, Pfeffer und dem Paprikapulver würzen. Mindestens eine Stunde im Kühlschrank kalt stellen – und auch kalt servieren. Für die Croutons das Weißbrot in kleine Würfel schneiden, diese in etwas Olivenöl anrösten, mit Kräutern bestreuen und mit Salz abschmecken.

Für 4–6 Personen
2 Tomaten oder 8 Cherry-Tomaten,
1 kleine Gurke, 2 Paprika, 1 Zwiebel,
1 kleines Baguette, alles grob gewürfelt
6 Knoblauchzehen
150 ml heller Essig
1 Glas Olivenöl
1 l Wasser
je 1 EL Salz, weißer Pfeffer, süßer Paprika
etwas Weißbrot
Olivenöl
Getrocknete Kräuter (z. B. Oregano, Thymian, Rosmarin)
Salz

PATATAS BRAVAS — *Bratkartoffeln mit pikanter Soße*

„Wilde Kartoffeln" lautet die wortgetreue Übersetzung für Patatas Bravas. Tatsächlich erhält dieses Gericht erst durch die pikante Sauce – für die jeder Koch sein eigenes Rezept hat – ihre Raffinesse. José Lastres-Juliá macht seine Salsa picante im Stil der kanarischen Mojos. Die „Wilden" können als Hauptgericht, Tapa oder Beilage gereicht werden.

Die Kartoffeln schälen und in ein bis zwei Zentimeter große Würfel schneiden. In einer Pfanne mit reichlich Olivenöl goldbraun braten. Die Kartoffeln unbedingt zusammen mit dem Öl erwärmen. José Lastres-Juliás langjährige Erfahrung hat gezeigt: Kommen die Kartoffeln erst in das heiße Öl, werden sie zwar außen knusprig, bleiben aber innen roh. Für die Sauce alle Zutaten im Mixer pürieren. Sollte die Sauce zu flüssig sein, das Weißbrot kurz in Wasser einweichen, ausdrücken und mit dem Mixer unter die Sauce rühren. Nach Bedarf abschmecken. Die gebratenen Kartoffeln mit der gewünschten Menge Sauce begießen und mit Petersilie garnieren.

Für 4–6 Personen
6–8 Kartoffeln
¼ l Olivenöl
Sauce:
½ Tasse Öl
¼ bis ½ Tasse Essig, hell
1 TL Salz
½–1 TL Pfeffer, weiß
1 TL süßer Paprika
2 Rote Chilis, getrocknet
1 Tasse passierte Tomaten
evtl. etwas trockenes Weißbrot
Petersilie zum Garnieren, gehackt

CHORIZO FLAMBEADO — *Flambierte Paprikawurst*

Dieses Gericht ist so einfach wie wirkungsvoll. Am besten eignet sich eine weiche Chorizo. Damit der Funke beim Flambieren auch überspringt, muss der Brandy heiß genug sein. Sobald er sich entzündet hat, schnell das Licht löschen und die Wurst „brennend" servieren.

Die Würste der Länge nach halbieren und in einer Pfanne von beiden Seiten ohne Fett anbraten. Anschließend in ein feuerfestes Schälchen geben, mit dem Brandy übergießen und auf der Flamme erhitzen, bis sich der Brandy von selbst entzündet. Sofort servieren. Wer auf einem Elektroherd kocht, zündet den Alkohol vorsichtig mit einem Streichholz an.

Für 4–6 Personen
4 Chorizo-Würste
mindestens 4 cl Brandy

CROQUETAS DE PESCADO — *Fischkroketten*

Abgesehen davon, dass sie auch paniert und in Öl ausgebacken sind, haben die Kartoffelbreiröllchen, die hierzulande als Kroketten serviert werden, mit den spanischen Namensvettern wenig gemein. Deren Hauptbestandteil ist eine Béchamelsauce, die mit Hähnchenfleisch oder Fisch vermischt, paniert und in Öl ausgebacken wird. Die Zubereitung ist etwas aufwendig, aber die Mühe lohnt.

Wasser mit Salz und den Lorbeerblättern in einem Topf zum Kochen bringen. Den Seehecht darin sechs bis sieben Minuten kochen, dann den Seeteufel hinzugeben, nach weiteren fünf Minuten die ungeschälten Garnelen. Sobald diese an die Wasseroberfläche treiben, etwa nach zwei Minuten, den gesamten Fisch rausnehmen und den Fond beiseite stellen. Den gekochten Fisch in kleine Stücke rupfen, Garnelen pellen und in Stücke schneiden.

In einem zweiten Topf die Butter schmelzen und die Zwiebel darin anrösten. Die Fischstücke zugeben, kurz mitrösten und mit einer Tasse von dem Fischfond ablöschen. Das Mehl unter ständigem Rühren einrieseln lassen. Die Sauce einkochen, bis eine teigige Masse entsteht. Mit Salz und Pfeffer abschmecken. Die Masse auf einen Teller geben und abkühlen lassen. Mit den Händen wahlweise zu Kugeln oder kleinen Würstchen formen. Diese zunächst in dem Mehl, dann in den Eiern und schließlich im Paniermehl wenden und in Olivenöl ausbacken, bis die Kroketten goldbraun sind.

Für 4–6 Personen
1 TL Salz
3–4 Lorbeerblätter
150g Seehecht
150g Seeteufel
150g frische Garnelen, ungeschält
Teig:
120g Butter
1 kleine Zwiebel, fein gewürfelt
1 Tasse Mehl
½–1 TL Salz
½ TL weißer Pfeffer, gemahlen
2 Eier, Paniermehl und Mehl zum Panieren
Olivenöl

GAMBAS AL AJILLO — *Garnelen in Knoblauch*

Auch dieses Gericht ist ein Klassiker unter den Tapas. Die Frische und Qualität der Zutaten ist hierbei entscheidend. Zu den Gambas gibt es Weißbrot, das man in das aromatische Öl tunken kann.

Die Garnelen mit Knoblauch und der ganzen Chili-Schote in ein feuerfestes Schälchen geben. Mit Olivenöl auffüllen, bis die Garnelen gerade bedeckt sind. Einige Minuten braten, bis der Knoblauch angeröstet und die Garnelen gar sind, salzen. Nicht zu lange auf der Flamme lassen, da die Gambas im heißen Öl noch nachziehen.

Für 4–6 Personen

25–30 frische Garnelen, geschält
2 Knoblauchzehen, gehackt
1 Rote Chili, getrocknet
Olivenöl
Salz

CHAMPIÑONES — *Gebratene Champignons*

Champiñones sind ein klassisches spanisches Gericht, das man in jeder spanischen Tapas-Bar findet. Das duftende Aroma bekommen die Pilze nicht nur durch den Knoblauch und die Kräuter, sondern vor allem durch den Schuss Sherry, der kurz vor dem Servieren dazugegeben wird.

Die Champignons zusammen mit Öl und Knoblauch, Thymianblättern und Chili in einer Pfanne erhitzen. So lange braten bis die Pilze von allen Seiten gebräunt sind. Mit Salz und Pfeffer abschmecken. Kurz vor dem Servieren mit einem Schuss Sherry aromatisieren und mit etwas Petersilie bestreuen.

Für 4 Personen
12 Champignons, in Scheiben geschnitten
4 EL Olivenöl
2 Knoblauchzehen, fein gehackt
frischer Thymian
1 Rote Chili, zerbröselt
Salz
Weißer Pfeffer
1 Schuss Sherry
Petersilie, gehackt

ALIOLI — *Knoblauch-Mayonnaise*

All y Oli, katalanisch für Knoblauch und Öl, sind die Zutaten, die der Alioli ihren Namen geben. Die pikante Mayonnaise isst man zu Fleisch, Fisch oder Gemüse. Und wegen des vielen Knoblauchs isst man sie am besten nicht allein.

Das Ei mit dem Knoblauch und der Hälfte des Zitronensaftes mit dem Zauberstab verrühren. Nun das Öl nach und nach und unter ständigem Rühren in die Eimasse laufen lassen, bis diese fest wird und eine hellgelbe Mayonnaise entsteht. Zum Schluss mit Salz, Pfeffer und dem restlichen Zitronensaft abschmecken und mit Petersilie garnieren.

Für 4–6 Personen
1 Ei
3 Knoblauchzehen
1 Zitrone, ausgepresst
½ Liter Pflanzenöl
Salz und Pfeffer
Petersilie, gehackt

PISTO — *Spanischer Gemüsetopf*

Im Grunde ist Pisto die spanische Variante des Ratatouille. Es kann als leichter Hauptgang mit Brot oder als schmackhafte Beilage zu Fleisch serviert werden. Wer aus seinem Pisto ein Pisto Castellano machen will, schlägt über dem Gemüse ein Ei auf und lässt das Ganze ein paar Minuten im Ofen oder unter einem Deckel stocken.

Die Karotten, Paprika, Zwiebel und Kräuter in Olivenöl anbraten. Mit dem Weißwein ablöschen, kurz einkochen und anschließend mit den Tomaten auffüllen. Nach 15 bis 20 Minuten die Zucchini- und die Auberginenwürfel zugeben und weitere zehn Minuten schmoren. Mit Salz und Pfeffer abschmecken.

Für 4 Personen
2 Karotten, in Scheiben geschnitten
je 2 grüne und rote Paprika, in Spalten
1 große Zwiebel, grob gewürfelt
je einige Zweige Oregano, Thymian, Rosmarin
3 Lorbeerblätter
4 EL Olivenöl
1 Glas trockener Weißwein
1 kleine Dose Tomaten (400 g)
2 Zucchini, grob gewürfelt
1 große Aubergine, grob gewürfelt
Salz und Pfeffer

POLLO CON CIRUELAS Y PASAS –

Hühnchen in Pflaumen-Rosinen-Sauce

Bei diesem Schmorgericht mit getrockneten Früchten wird der arabische Einfluss auf die spanische Küche deutlich. Zu seinem Hühnchen in Pflaumensauce serviert José Lastres-Juliá entweder Ofenkartoffeln oder einfach ein Stück Weißbrot.

Die Hühnerschenkel auf der Rückseite mehrfach einschneiden, salzen und pfeffern. Mit ein paar Rosmarinzweigen in einer Pfanne ohne Fett von beiden Seiten je fünf Minuten anbraten.

Nun die Butter in einem großen Topf schmelzen und die Zwiebeln darin anbraten. Die Pflaumen, Rosinen und Pinienkerne dazugeben und kurz mitbraten. Mit Brandy und Málaga Virgen ablöschen. Den Alkohol kurz einkochen. Die Hühnerschenkel und die Cocktailtomaten in den Topf geben und mit der Brühe auffüllen. Gut zwanzig Minuten schmoren. Das Hühnchen ist gar, wenn sich das Fleisch leicht vom Knochen löst. Nach Bedarf Brühe oder Wasser nachgießen. Zum Schluss noch einmal abschmecken.

Für 4 Personen
4 Hühnerschenkel
Salz und Pfeffer
2–3 Rosmarinzweige
150g Butter
1 Zwiebel, fein gewürfelt
250g getrocknete Pflaumen (mit Stein)
je 100g Rosinen und Pinienkerne
1 Glas Brandy
1 Glas Málaga Virgen oder Portwein
8 Cocktailtomaten, halbiert
1 Glas Hühnerbrühe

CREMA CATALANA — *Katalanische Creme*

Krick, Krack – erst muss man mit dem Löffel den knusprigen Karamelldeckel durchstoßen, bis man zur sahnig-süßen Milchcreme vordringen kann. Für diese Originalvariante der in Frankreich als Crème brulée bekannten Süßspeise benötigt man allerdings einen Bunsenbrenner oder ein stark erhitztes Eisen. Weil nur wenige so etwas ihr Eigen nennen, wird die Creme bei der nachstehenden Zubereitungsweise einfach mit karamellisiertem Zucker übergossen. Etwas weniger Kult, aber nicht weniger lecker.

Die Milch, den Zucker, die Orangen- und Zitronenschale in einem Topf erhitzen. In einer Schüssel die Eigelbe mit der in etwas Wasser aufgelösten Maisstärke verrühren und in die warme Milch geben, stetig rühren. Die Flüssigkeit so lange erhitzen, bis die Masse nach einmaligem Aufkochen eindickt. Die Creme in Schälchen oder Gläser füllen und für einige Stunden kalt stellen. Für das Karamell in einer Pfanne Zucker und den Saft von einer Orange auflösen und karamellisieren lassen. Mit einem Schuss Brandy aromatisieren und vor dem Servieren über die erkaltete Creme gießen.

Für 4 Personen
Creme:
½ l Milch
150g Zucker
Schale von 1 Orange, gerieben
Schale von 1 Zitrone, gerieben
8 Eigelbe
1 gehäufter TL Maisstärke
Karamell:
2 gehäufte EL Zucker
Saft von 1 Orange
1 Schuss Brandy

HELADO CON FRUTOS SECOS —
Eis mit karamellisierten Nüssen

Heiß und kalt, eine nahezu unschlagbare Kombination für Desserts. Das Eis ist jedenfalls begeistert und schmilzt bei der süßen Umarmung des Nusskaramells nur so dahin.

Die Nüsse mit Zucker und dem Orangensaft in einer Pfanne erhitzen. So lange rühren, bis der Zucker karamellisiert ist, dann mit einem Schuss Brandy aromatisieren. Pro Portion auf einem großen Teller drei Bällchen Eis anrichten und mit der Nuss-Karamell-Masse übergießen. Mit Schokoladensauce, Zimtpulver und ein paar Blättern Minze garnieren und sofort servieren.

Für 4 Personen
100g Nussmischung aus Mandeln, Walnüssen, Pistazien, Pinienkernen o.ä.
2 gehäufte EL Zucker
Saft von ½ Orange
1 Schuss Brandy
750ml Vanille- oder Zitroneneis
Schokoladensauce, Zimt und frische Minze

MENÜ À LA

Blumen

KARTOFFELSUPPE MIT
KORIANDER UND SPROSSEN

★

FENCHEL-ORANGEN-SALAT MIT
SESAMGARNELEN UND JOHANNISBEERDRESSING

★

PORTUGIESISCHER BROTEINTOPF

GEFÜLLTE KALBSROLLE AUF TOMATEN-ZUCCHINI-GEMÜSE
MIT POLENTA-PLÄTZCHEN

★

PARFAIT À LA BLUMEN MIT
MIRABELLEN-KOMPOTT

SIMON HORN UND ZAIRA PONTE, „BLUMEN"

Mit allen Sinnen

Fünf kleine Tische warten festlich eingedeckt mit Damast und Silberbesteck. Die unverputzten Wände verbreiten den Charme eines in die Jahre gekommenen Palastes und die kristallenen Leuchter tauchen das schummrige Souterrain in ein zärtliches Licht. Der Duft, den das Blumen versprüht, ist betörend. Komponiert haben ihn Zaira Ponte und Simon Horn, die das Restaurant seit Februar 2005 führen. Ihr Konzept ist ungewöhnlich, fast luxuriös: Sie öffnen nur an vier Tagen in der Woche, servieren nicht mehr als sechs unterschiedliche Gerichte am Abend und eine Speisekarte gibt es nicht.

Der Ort, den sich das junge Paar für sein Restaurant ausgesucht hat, ist legendär. Seit vielen Jahrzehnten floriert hinter der Fensterfront, von der aus man die Passanten fußaufwärts beobachten kann, die Gastronomie. Anfang der Dreißigerjahre eröffnete hier das ehrwürdige Rotlindt Café, das mittlerweile ins Nachbarhaus gezogen ist. Inmitten von Kaffee, Kuchen und Likör heckte einst Henry Jäger mit seiner Bande einen Coup aus, der Frankfurter Nachkriegsgeschichte geschrieben hat. Im Mai 1955 überfiel die Jägerbande die Rentenzahlstelle und erbeutete die damals beachtliche Summe von 80 000 D-Mark. In Anlehnung an den Coup wurde das Café vor einigen Jahren zur Verbrecher Bar. Heute sind Blumen darüber gewachsen.

Ein Abend im Blumen beginnt an der Tür, wo Zaira Ponte ihre Gäste empfängt und zum Tisch begleitet. Statt ihnen wie anderswo üblich eine Karte vorzusetzen, erzählt die gebürtige Portugiesin und gelernte Hotelfachfrau von den Überraschungen des Abends: „Ich möchte erklären, wie die Gerichte gemacht sind, etwas über ihren Geschmack sagen." Und wenn sie mit ihrer samtigen Stimme von Straußenfilet im Speckmantel, Gazpacho mit Parmesancroutons oder Crème brulée mit Rosmarinduft schwärmt – nicht zu vergessen von ihren ausgesuchten Weinspezialitäten – wünscht man, sie möge nie wieder damit aufhören.

Ein Ort für eilige Zeitgenossen ist das Blumen nicht, denn die ausgefeilten Kreationen von Simon Horn brauchen eben ihre Zeit. Die hohe Kochkunst hat er während seiner Lehre im Queens Hotel erlernt. Jetzt, nach einigen Jahren als Betreiber der Nordbar und mit gerade mal 22, brennt er darauf, mit seinen Kenntnissen zu experimentieren. Denn obgleich er genau weiß, wie man einen perfekten Jus zubereitet, ist Dogmatismus nicht sein Ding. „In vielen Fällen sind die sturen Regeln der Meisterköche bekloppt." Was Horns Küche mit ihren Zutaten von Portugal bis Japan auszeichnet, ist eine ungezügelte Liebe zum Detail – für ihn eine Frage des Respekts vor dem Produkt: „Man muss der Karotte die Chance geben, etwas Besseres zu werden als eine Karotte." Um zu entscheiden, was im Blumen letztlich auf den Tisch kommt, lässt er sich von seiner Inspiration leiten. Und die ereilt ihn entweder im Gespräch mit Zaira Ponte oder beim Streifzug durch die Warenlandschaft des Großhändlers. Doch ganz gleich welche Kreation sein Geschmackslabor verlässt – außergewöhnlich ist sie ganz sicher.

„Unser Standard ist, dass wir es gerne machen", sagen die beiden. Und so selbstverständlich sie im Restaurant auch noch den kleinsten silbernen Zuckerlöffel ausgesucht haben, bieten sie ihren Gästen ein Erlebnis für Augen, Gaumen und Seele. Dafür sollten diese sich aber auch auf die Spielregeln einlassen und nicht nur mal eben auf ein Süppchen herein- und schnell wieder hinaushuschen. Dass den Blumen-Betreibern ihr Traum irgendwann langweilig wird, steht nicht zu befürchten – schon jetzt treibt er unablässig Blüten: Wenn Simon Horn das Blumenkonzept als Leihkoch in Frankfurter Wohnzimmer verpflanzt oder Zaira Ponte zum portugiesischen Abend bittet, an dem sie ihre Gäste nicht nur mit den Spezialitäten ihrer Heimat verwöhnt, sondern zu vorgerückter Stunde auch noch einen Fado anstimmt.

Im Blumen regiert nicht die Routine, sondern die Leidenschaft. „Sinnliche Gastronomie" ist Zaira Pontes Zauberwort dafür. Das mag nicht jedermanns Sache sein, jedermanns Geschmack wollen sie aber ohnehin nicht treffen und verzichten deshalb auch gerne auf Weizenbier, Whisky-Cola oder Salat mit Hühnerbruststreifen. Simon Horn und Zaira Ponte wollen das Besondere. Nicht mehr, aber ganz gewiss auch nicht weniger.

KARTOFFELSUPPE MIT KORIANDER UND SPROSSEN

Simon Horn nennt sie „die ehrliche Kartoffelsuppe", da sie vor dem Servieren nicht wie die meisten ihrer Art püriert wird und die Kartoffelstücke erhalten bleiben. Ihr besonderes Aroma bekommt die Suppe durch die frischen Kräuter und den selbst gemachten Hühnerfond. Natürlich von einem glücklichen Huhn. Wer es vegetarisch mag, kann statt des Hühnerfonds eine kräftige Gemüsebrühe kochen.

Für den Fond alle Zutaten in einem Topf mit 3 l Wasser kalt ansetzen. Zum Kochen bringen und anschließend bei geringer Temperatur zwei bis drei Stunden köcheln lassen. Für die Kartoffelsuppe den Fond absieben.

Die Kartoffelviertel in feine Scheiben schneiden (1–2 mm) und in heißem Olivenöl goldbraun anbraten. Den Thymian, den Rosmarin und den Knoblauch kurz mitbraten und anschließend mit dem Weißwein ablöschen. 800 ml des Hühnerfonds zugeben und etwa zehn Minuten kochen bis die Kartoffeln gar sind. Mit Salz und Pfeffer abschmecken. Den Estragon und den Koriander zugeben. Die Suppe im tiefen Teller anrichten und mit den Sprossen garnieren.

Für 4 Personen
Hühnerfond:
1 Suppenhuhn
1 Bund Suppengrün, gewürfelt
1 Stange Lauch, grob geschnitten
3 Lorbeerblätter
5 Wacholderbeeren
ein paar Zweige Thymian
Suppe:
8 mittelgroße Kartoffeln, geviertelt
Olivenöl
1 EL Thymian und Rosmarin, gehackt
1 TL Salz
1 Knoblauchzehe, sehr fein gehackt
¼ l trockener Weißwein
Salz und Schwarzer Pfeffer
je 1 EL Estragon und Koriander, gehackt
Kresse, Rettich- und Alfalfasprossen

FENCHEL-ORANGEN-SALAT MIT SESAMGARNELEN UND JOHANNISBEERDRESSING

Dieser Salat ist eine wahre „Geschmacksbombe", bei der die leichte Säure der Orangen, das Salzige der Garnelen und die süßliche Cassisnote des Dressings abwechselnd auf der Zunge explodieren. Der Salat eignet sich als Vorspeise, kann aber auch als leichte Hauptspeise serviert werden.

Zunächst zum Dressing: Hierfür den Johannisbeersaft in einem Topf zum Kochen bringen und mindestens auf die Hälfte reduzieren. Mit dem Senf, Öl, Balsamico Essig, dem Apfel und dem Basilikum zu einem homogenen Dressing pürieren. Mit Pfeffer und Salz abschmecken.

Für den Salat den Fenchel vom Strunk befreien und mit einem Messer oder Gemüsehobel in sehr feine Streifen schneiden. In einem Topf Wasser mit Zucker, Salz und der halben Zitrone zum Kochen bringen und die Fenchelscheiben kurz darin blanchieren. Die Stücke sollten nicht mehr roh, aber noch bissfest sein. In einer Pfanne etwas Butterschmalz erhitzen, den Fenchel kurz darin schwenken und wieder rausnehmen. Anschließend die Garnelen der Länge nach einschneiden und im heißen Butterschmalz braten, mit Pfeffer, Kurkuma, Zitronenschale und Knoblauch abschmecken. Zum Schluss noch etwas Sesam zu den Garnelen geben und kurz mitbraten.

Den Fenchel und die filettierten Orangen im Dressing wenden und auf einen Teller geben. Die Garnelen auf dem Salat anrichten und servieren.

Für 4 Personen
Dressing:
0,2 l Johannisbeersaft
2 EL hochwertiger, feiner Senf
5 EL Pflanzenöl
3 EL Balsamico Essig
½ Apfel, gewürfelt
3–4 Blätter Basilikum
Salz und Schwarzer Pfeffer
Salat:
2 große Fenchelknollen
4 EL Zucker
2 EL Salz
½ Zitrone
Butterschmalz zum Anbraten
20 Garnelen, geschält
Pfeffer
1 Prise Kurkuma
Schale von ¼ Zitrone, gerieben
1 kleine Knoblauchzehe, fein gehackt
Sesam
4 Orangen, filettiert

PORTUGIESISCHER BROTEINTOPF

Dieser Eintopf mit Meeresfrüchten, portugiesisch Açorda, ist ein traditionelles Seefahrergericht. Frisch gefangener Fisch, altbackenes Brot, Knoblauch und Öl – das ist schon alles, was die Seemänner für ihr gleichermaßen sättigendes wie schmackhaftes Gericht brauchten. Zaira Ponte kocht dieses Rezept am liebsten für viele Gäste: „In kleinen Mengen kann ich Açorda einfach nicht zubereiten."

Für 6–8 Personen

350–500g Garnelen, ungeschält
3 große Knoblauchzehen
Olivenöl, am besten portugiesisches
¼ l Weißwein
Salz und Pfeffer
2 Laibe altbackenes Weißbrot, grob geschnitten
1 Bund Koriander
evtl. 2 Eier

Die Garnelen in einem Topf mit gut zweieinhalb Litern Wasser einige Minuten gar kochen. Sobald sie ihre typische orange-rosa Farbe angenommen haben, aus dem Wasser nehmen, kalt abbrausen und schälen. Die Schalen kommen wieder zurück in das Kochwasser und verwandeln dieses binnen zwei Stunden zu einem aromatischen Fond. Das Wasser sollte nicht zu stark kochen, damit so wenig wie möglich von der Flüssigkeit verdampft.

In einem Topf die ganzen Knoblauchzehen in reichlich Olivenöl anbraten und mit dem Weißwein ablöschen und drei bis vier Minuten kochen. Den Garnelenfond durch ein Sieb zugießen, salzen und pfeffern. Das trockene Weißbrot mit der Hälfte des Korianders in den Sud geben und unterrühren. Das Brot saugt sich zuerst mit der Brühe voll, dann zerfällt es langsam zu einem Brei. Die Açorda ist fertig, wenn Brot und Sud sich zu einer homogenen Masse verbunden haben und ein cremiger Brei ohne Stücke entstanden ist. Kurz vor Schluss die Garnelen, einen Schuss Olivenöl und den restlichen Koriander unterrühren. Um das Ganze noch gehaltvoller zu machen, schlägt Zaira Ponte nach portugiesischer Tradition kurz vor dem Servieren noch zwei rohe Eier in die Açorda und rührt sie unter. Bom apetite.

GEFÜLLTE KALBSROLLE AUF TOMATEN-ZUCCHINI-GEMÜSE MIT POLENTA-PLÄTZCHEN

Voilà, das aufwendigste Gericht dieses Buches. Aber garantiert auch eines der leckersten. Die Kalbsschnitzel werden mit einer würzigen Farce gefüllt und in einem Portwein-Butter-Sud geschmort. Getreu dem Motto von Simon Horn, demzufolge nichts auf dem Teller liegen darf, was nicht ein kulinarisches Erlebnis darstellt, sind auch die Gemüse- und die Polenta-Beilage aromatisch zubereitet. Ein Tipp aus der Blumen-Küche: Um zu überprüfen, ob die Farce gut abgeschmeckt ist, ein kleines Stückchen anbraten und probieren. Und noch eine Empfehlung à la Simon Horn für den Einkauf: „Der Metzger soll sich verdammt noch mal anstrengen und ein gutes Kalbsschnitzel ohne Sehnen zuschneiden."

Für dieses Gericht empfiehlt es sich, die Polenta vorzubereiten. Im Prinzip wird sie genauso zubereitet wie von Luigi Dessi in der Nr. 16 (siehe Seite 119) – ohne den Speck, die Zwiebel, die Tomatensauce und die Würstchen, dafür gibt Simon Horn frische Kräuter und Olivenöl in den Maisbrei. Diesen nach dem Kochen in Schälchen füllen. Vor dem Servieren diese entweder im Backofen noch mal kross backen oder aber die Polenta aus dem Schälchen stürzen und mit Butterschmalz in einer Pfanne von allen Seiten knusprig braten.

Der zweite Schritt besteht darin, die Tomatenpaste für das Gemüse zuzubereiten. Hierzu die Zwiebeln und die getrockneten Tomaten in einem Topf in heißem Olivenöl anbraten, den Knoblauch dazu geben und darauf achten, dass er nicht verbrennt. Deshalb: Recht schnell mit Portwein und Balsamico ablöschen. Zehn Minuten köcheln lassen, bis die Flüssigkeit leicht sämig wird. Nun die Hühnerbrühe und die Kräuter (ohne die Stiele) zugeben. Das Ganze mit dem Zauberstab zu einer dicken Tomatenpaste pürieren. Zur Seite stellen, jetzt ist Zeit für das Fleisch.

Zunächst wird die Farce zubereitet. Hierzu das Kalbsgeschnetzelte, die Blätter von je zwei Zweigen Thymian und Oregano, das Basilikum, die getrockneten Tomaten, das Eigelb, die 4 EL Portwein, Sahne, Salz und Pfeffer in die gute alte Moulinette (oder jede andere Küchenmaschine mit einem scharfen Messer) geben und zu einem fast glatten Fleischteig verarbeiten. Stehen lassen. Nun jedes Schnitzel längs auf ein etwa 40 Zentimeter langes Stück Klarsichtfolie legen und mit der Farce bestreichen. Die Schicht sollte etwa so dick sein wie das Schnitzel. Die Schnitzel der Länge nach zu Rouladen aufrollen. Das geht ganz leicht, wenn man die Klarsichtfolie an der Unterkante nimmt und fest über das Fleisch nach oben zieht. Jede Roulade auf ein ausreichend großes Stück Alu-Folie legen und je ein Zweig Oregano und Thymian samt einem kleinen Stück Butter dazu geben. Die Alufolie an den Seiten nach oben schlagen und auf jede Roulade einen Schuss Portwein geben. Die Folie so um die Rouladen wickeln, dass diese fest verschlossen sind und der Portwein nicht ausläuft. Am besten gelingt dies, wenn die Enden der Folie wie bei einem Bonbon zusammengerollt und nach oben gebogen werden.

Für 4 Personen

Polenta:

125 g Polenta
½ l Salzwasser
1 kleiner Strauß Oregano, Thymian und Basilikum, entstielt und gehackt
1 ordentlicher Schuss Olivenöl

Gemüse:

1 mittelgroße rote Zwiebel, fein gewürfelt
2 Hand voll getrocknete Tomaten, grob geschnitten
3 EL Olivenöl
½ Knoblauchzehe, gehackt
½ Tasse Portwein
4 EL Balsamico Essig
1 Schöpfkelle Hühnerbrühe
Kleiner Kräuterstrauß (Rosmarin, Oregano, Thymian, Basilikum)
4 EL Olivenöl
2 mittelgroße Zucchini, der Länge nach geviertelt und in Scheiben geschnitten
16–20 Cocktailtomaten, halbiert
Salz

Kalbsrollen:

4 Kalbsschnitzel, sehr dünn geklopft und sehnenfrei
150 g Kalbsgeschnetzeltes
je 6 Zweige Oregano und Thymian
1 Hand voll frisches Basilikum
1 Hand voll getrocknete Tomaten
1 Eigelb
4 EL und 4 Schuss weißer Portwein
4 EL Sahne
2 Prisen Salz
frisch gemahlener schwarzer Pfeffer
Butterflocken

Die Kalbsrollen bei 180 Grad 20 bis 30 Minuten pochieren. Um zu sehen, ob sie gar sind, eine Kalbsrolle probeweise quer aufschneiden: Die Farce sollte fest, das Fleisch schön saftig und im Inneren noch leicht rosa sein. Wenn dieser Zustand erreicht ist, alle Rouladen aus dem Backofen nehmen.

Einige Minuten bevor das Fleisch gut ist, die Zucchini in einer Pfanne in heißem Olivenöl anbraten. Nicht zu oft rühren, die Zucchinischeiben sollen feine braune Flecken bekommen. Wenn dies geschafft ist, die Tomatenpaste zugeben, verrühren und kurz vor Schluss die Tomatenhälften zugeben. Mit Salz abschmecken. Die Pfanne vom Herd nehmen.

Zum Servieren: Die Kalbsrollen vorsichtig aus dem Alumantel nehmen und in fingerdicke Scheiben schneiden. Diese gefächert auf Tellern anrichten, mit dem Portwein-Butter-Sud aus der Folie übergießen und das Zucchini-Tomatengemüse sowie die knusprigen Polenta-Plätzchen dazu anrichten.

PARFAIT À LA BLUMEN MIT MIRABELLEN-KOMPOTT

Parfait ist die praktische Eisvariante für alle, die keine Eismaschine im Schrank haben. Der Trick beim Halbgefrorenen ist der Alkohol. Er sorgt dafür, dass die Masse cremig bleibt und beim Einfrieren keine Kristalle entstehen. Wer partout auf den Alkohol verzichten mag, muss sich also mit einem „eisigen Ziegelstein" begnügen. Für das Kompott müssen es nicht immer Mirabellen sein – auch Aprikosen oder Reineclauden eignen sich hervorragend.

Für 4 Personen
4 Eigelbe
180g Zucker
Mark von 1 Vanilleschote
125ml Sahne
5cl Grand Marnier
3cl Aprikosenbrandy
4cl Baileys
Mirabellen-Kompott:
0,7l Wasser
160g Zucker
1 Prise Zimt
Saft von 1 Orange
Saft von ½ Zitrone
Schale von 1 Zitrone, in grobe Stücke geschnitten
Schale von 1 Orange, in grobe Stücke geschnitten
Mark von 1 Vanilleschote
500g Mirabellen, entkernt

Die Eigelbe mit dem Zucker und dem Mark einer Vanilleschote mindestens zehn Minuten cremig schlagen. Der Zucker sollte sich weit gehend aufgelöst haben. In einem zweiten Gefäß die Sahne schlagen. Sie sollte nicht zu steif sein, da sie sich sonst nicht gut unterheben lässt. Grand Marnier, Aprikosenbrandy und Baileys in die Eimasse einrühren und die Sahne unterheben. Die Parfait-Masse in eine mit Klarsichtfolie ausgeschlagene längliche Form füllen und für mindestens zwei Stunden im Gefrierfach kühlen.

Für das Kompott das Wasser mit dem Zucker, dem Zimt, dem Orangen- und Zitronensaft, der Zitronen- und Orangenschale und dem Mark einer Vanilleschote zum Kochen bringen und auf die Hälfte der Flüssigkeit reduzieren. Die entkernten Mirabellen in den nicht mehr kochenden Sirup geben und drei bis vier Minuten ziehen lassen. Die Früchte wieder rausnehmen und abkühlen lassen. Den Sirup nun weitere fünf Minuten – etwa bis auf ein Drittel der ursprünglichen Menge – einkochen lassen und ebenfalls abkühlen. Vor dem Servieren die Früchte und den Sirup wieder zusammenbringen.

WILD TURKEY
8 Years
FOUR ROSES
BOURBON
KENTUCKY STRAIGHT BOURBON WHISKEY
JAMESON
12
1780
SUNTORY
ROYAL
WHISKY
GLENDRONACH
ORIGINAL
12
MADEIRA WOOD FINISH
GLENMORANGIE
PORT WOOD FINISH
GLENMORANGIE
CRAGGANMORE
12
TALISKER
10
OBAN
LAGAVULIN
16

VEGETARISCHES MENÜ À LA

Esszimmer

KAROTTENSUPPE MIT INGWER

*

MARINIERTER SEITAN

ROTE-BEETE-SALAT IN
HONIG-SHERRY-VINAIGRETTE

KICHERERBSENSALAT MIT
CHILI-MARINADE

KAROTTENSALAT MIT APFEL

*

TOMATEN-BASILIKUM-FLAN
AUF DREIERLEI BOHNEN

KARTOFFEL-ZWIEBEL-PUFFER
MIT KOHLRABIGEMÜSE

*

PFLAUMENKUCHEN MIT MÜRBETEIG

APRIKOSENTRIFFEL

KATJA KETTNER, „ESSZIMMER"

Gemüse deluxe

Graumeliertes langes Haar, im Nacken zu einem Zopf gebunden. Grober Strickpulli und passend zur Küche eine farbenfrohe Karottenhose, nicht zu vergessen die Birkenstocks und wahlweise Seidenschal oder asymmetrischer Ohrschmuck. Soweit die Klischeevorstellung von der Chefin eines vegetarischen Restaurants. Das Gegenteil ist Katja Kettner, der man mit ihren Designerblusen, breiten Goldringen und sorgfältig geschminkten Lippen eher noch die Personalberaterin ansieht, die sie mal war. Seit einem Jahr führt Katja Kettner das Esszimmer im Westend. Der Rest ist Vergangenheit.

Banker, Anwältinnen, die Stammkundschaft aus den Nobelboutiquen des Viertels – genauso wenig wie die Inhaberin will auch das Publikum im Esszimmer ins Öko-Klischee passen. Freaks sind sie auf ihre Weise dennoch. Viele kommen jeden Tag und wollen immer nur das eine: Gemüse. Ihren Wunsch erfüllt Katja Kettner mit Vergnügen. Mittags am kalt-warmen Büffet, wo marinierter Seitan, Mangold Soufflé und Pastinakensuppe sich gegenseitig die Show stehlen; abends à la Carte mit Dauerbrennern wie den Zwiebel-Kartoffelpuffern oder dem Möhrenflan im Gemüsebett. Dazu gibt es frisch gepresste Säfte, Bio-Limo und ausgesuchte Weine aus Österreich. „Spanien und Italien machen schon alle anderen", sagt Kettner.

Hätte ihr jemand vor fünf Jahren gesagt, sie werde heute ein vegetarisches Restaurant führen, die Esszimmer-Chefin hätte vermutlich ihr singendes Lachen ausgepackt. Damals arbeitete sie noch als Personalberaterin im Westend und war lediglich Stammkundin im Naturgourmet, einem Bioladen, dessen Besitzerin täglich eine Auswahl vegetarischer Gerichte anbot. Zusammen mit einer Schar Fans pilgerte Kettner jeden Mittag gen Veggi-Mekka. Als der Laden eines Tages schloss, war der hungrige Tross ratlos. Kettner nicht. Sie fasste einen Entschluss: „Kochen kann ich, die Gäste sind schon da – ich mach es selbst." Und kurze Zeit später eröffnete sie nicht weit entfernt das Esszimmer. Nachdem sich die Nachricht wie ein Lauffeuer verbreitet hatte, standen die Gäste Schlange am Büfett. Vor allem in der Rush Hour zwischen zwölf und zwei Uhr. „Manche sind richtig beleidigt, wenn ihr Lieblingsgemüse schon aus ist."

Sämtliche Produkte, die in der Esszimmer-Küche verarbeitet werden, sind aus ökologischem Anbau. Deren höherer Preis beunruhigt Katja Kettner nicht. Schließlich kann sie im Gegensatz zu anderen Restaurants, die vor allem viel Fleisch und Fisch wegwerfen müssen, 90 Prozent der eingekauften Produkte verwerten. Was in ihrer Küche aus Kürbis, Rote Beete oder Aubergine wird, entscheidet die Chefin zusammen mit ihren Köchen. Selbst professionell Kochen gelernt hat die studierte Volkswirtin nie. Allerdings haben zahlreiche Geschäftsessen in den besten Restaurants und ihre Liebe zum Kochen ihren feinen Gaumen geschult. „Ich weiß einfach, wie es schmecken muss", sagt sie und hat kein Problem, mit ihrem Koch immer wieder um den perfekten Süßegrad der Nachspeise zu ringen. Wenn sie kann, verbringt Katja Kettner Stunden damit, in Kochbüchern zu schmökern und sich neue Gerichte zu überlegen. Dabei inspiriert sie selbst das kärgste Werk über vegane Küche zu neuen Kreationen. Wer Gemüse in der Hauptrolle inszeniert, braucht eben Fantasie.

Mit ihrem im französischen Bistrostil eingerichteten Esszimmer besetzt Katja Kettner, die selbst auch gern mal ein Stück Fleisch isst, in Frankfurt eine Nische. Mit erstklassigen Produkten und ihrem Nichtraucher-Konzept liegt sie indes voll im Trend. Dass ihre Gäste ganz bewusst wegen der ökologischen Produkte kommen, weiß sie spätestens seit dem Tag, als sie aus Mangel an Alternativen statt Öko-Karotten einmal ein Supermarkt-Produkt verwendete. „Die sind doch nicht Öko", schmeckte ein Stammgast sofort heraus. Katja Kettner war platt. Und an ausreichend Nachschub hat es ihr seitdem nie mehr gemangelt – schließlich hängt daran ihr Erfolg: „Die Leute, die hier essen, wissen, dass sie sich etwas Gutes tun."

KAROTTENSUPPE MIT INGWER

Diese asiatisch angehauchte Suppe besticht durch ihr süßlich-scharfes Aroma. Dogmatisch ist Katja Kettner bei der Zubereitung indes nicht. Wenn sie es säuerlicher mag, verfeinert sie die Suppe mit ein paar Spritzern Zitronensaft oder Weißwein. Wenn ihr der Sinn nach einem volleren Aroma steht, gibt sie ein oder zwei Teelöffel Tomatenmark zu. Ob mit gehacktem Koriander garniert, mit etwas Chili verschärft – die Phantasie darf hier ruhig spielen.

Für 4 Personen
1 Zwiebel, fein gehackt
Pflanzenöl
800g Karotten, geschält und in Scheiben geschnitten
0,8 l Gemüsebrühe, am besten selbst gekocht
1 Prise Rohrzucker
1 daumengroßes Stück Ingwer, gerieben
schwarzer Pfeffer
Salz

Die Zwiebel bei mittlerer Hitze in Pflanzenöl anbraten, die Karotten hinzugeben und einige Minuten mitbraten. Nun die Gemüsebrühe aufgießen und den Zucker sowie den Ingwer zugeben. Die Suppe etwa 30 Minuten leise köcheln, bis die Karotten weich sind. Mit dem Zauberstab pürieren und mit Salz und Pfeffer abschmecken.

MARINIERTER SEITAN

Seitan ist ähnlich wie Tofu ein Fleischersatz in der vegetarischen Küche. Im Gegensatz zu Fleisch enthält das Weizenprodukt jedoch kein Cholesterin und so gut wie kein Fett. Seitan, den es im Reformhaus oder Naturkostladen gibt, ist vielseitig einsetzbar, er kann natur gegessen, paniert, gebraten, gekocht oder frittiert werden. Im Esszimmer wird das geschmacklich recht neutrale Produkt mit einer würzigen Vinaigrette mariniert und mit frischer Petersilie serviert.

Aus dem Öl, dem Essig, dem Zitronensaft, dem Senf, Salz und Pfeffer eine cremige Vinaigrette rühren. Den Seitan unterrühren und mit Sojasauce abschmecken. Einige Minuten ziehen lassen. Vor dem Servieren mit Petersilie bestreuen.

Für 4 Personen
3 EL Sonnenblumenöl
2 EL Olivenöl
1 EL Apfelessig
2 EL Balsam-Essig
2 EL Zitronensaft
1 EL Dijon-Senf
1 TL Salz
1 TL schwarzer Pfeffer
200g Seitan, in feine Stücke gehobelt
1 Schuss Sojasauce
Petersilie, gehackt

ROTE-BEETE-SALAT IN HONIG-SHERRY-VINAIGRETTE

Rote Beete ist die versteckte Prinzessin unter den Gemüsesorten. Außen eher unansehnlich braun, verbirgt sich hinter der rauen Schale ein wunderschöner roter Kern. In Russland ist Rote Beete als Suppengemüse in Borschtsch berühmt, aber auch für Salate eignet sie sich hervorragend.

Die Rote-Bete-Knollen mitsamt der Schale in reichlich Salzwasser 30 bis 40 Minuten kochen. Mit einem Messer prüfen, ob sie weich und gar sind. Die abgekühlten Knollen pellen, zentimeterklein würfeln und mit den Zwiebelwürfeln vermischen. Für das Dressing Honig und Sherry-Essig verrühren, bis sich der Honig aufgelöst hat. Knoblauch, Piment, Pfeffer, Salz und das Olivenöl in das Dressing rühren. Die Rote-Beete-Zwiebel-Mischung damit marinieren und einige Minuten ziehen lassen. Vor dem Servieren noch mal abschmecken.

Für 4 Personen
500g Rote Bete
1 rote Zwiebel, fein gewürfelt
1 EL Honig
3 EL Sherry-Essig
2 Knoblauchzehen, gepresst
2 Pimentbeeren, gemahlen
6 Pfefferbeeren, gemahlen
Salz
4 EL Olivenöl

KICHERERBSENSALAT MIT CHILI-MARINADE

Im Esszimmer werden die Kichererbsen scharf angemacht und mit frischen Kräutern aufgepeppt. Natürlich kommen sie nicht aus der Dose, sondern werden frisch gekocht. Ein Tipp aus der Kettner-Küche: Hülsenfrüchte nie in Salzwasser kochen, sonst werden sie nicht gar.

Die eingeweichten Kichererbsen abgießen und waschen. In einem Topf mit Wasser (ohne Salz!), der Kartoffel und den Petersilienstängeln ansetzen und etwa eineinhalb Stunden kochen. Den Schaum, der sich beim Kochen an der Wasseroberfläche bildet, mit einer Schaumkelle abschöpfen.

Solange die Kichererbsen kochen, aus dem Olivenöl, dem Zitronensaft, den Knoblauchzehen, den Chilis, Salz und Pfeffer eine Marinade rühren. Nun die fertig gegarten Kichererbsen absieben und kalt abspülen. Sofort mit dem Dressing vermischen und eine Viertelstunde ziehen lassen.

Für 4 Personen
350g Kichererbsen, eingeweicht
1 große Kartoffel, geschnitten
1 Hand voll Petersilie, gehackt
Marinade:
5 EL Olivenöl
2 EL Zitronensaft
2 Knoblauchzehen, fein gehackt
4 kleine Rote Chilis, fein gehackt
1 gestrichener TL Salz, Pfeffer

KAROTTENSALAT MIT APFEL

Dieser Rohkostsalat ist der Inbegriff von gesundem Fast-Food – schnell gemacht und reich an Vitaminen. Mit etwas geröstetem Sesam verfeinert, schmeckt er noch raffinierter.

Aus Öl, Essig und Zitronensaft ein Dressing rühren und mit Salz und Pfeffer abschmecken. Die Karotten, den Apfel und Ingwer in eine Schüssel geben und mit dem Dressing mischen. Nach Wunsch mit dem gerösteten Sesam bestreuen.

Für 4 Personen
3 EL Olivenöl
1 EL Apfelessig
Saft von 1 Zitrone
Salz und Pfeffer
250g Karotten, geraspelt
1 Apfel, geraspelt
1 TL Ingwer, gerieben
evtl. Sesam, geröstet

TOMATEN-BASILIKUM-FLAN AUF DREIERLEI BOHNEN

Der Gemüseflan ist ein Klassiker aus dem Esszimmer. Dabei muss es nicht immer Tomate sein. Der herzhafte Pudding lässt sich mit vielen unterschiedlichen Gemüsesorten wie Karotten, Kürbis oder Zucchini zubereiten (diese vorher garen). Ganz gleich, welche Variante – im Esszimmer wird Flan gern auf einem Bett von Bohnengemüse serviert.

Für den Flan in einer Schüssel die Tomaten, das Tomatenmark, die Gemüsebrühe, die Zwiebel und das Öl verrühren. Das Basilikum und die Eier unterziehen und mit einem Pürierstab fein pürieren, salzen und pfeffern. In der Masse sollten keine Stücke mehr sein. Vier feuerfeste Schälchen mit Butter einfetten und zu zwei Dritteln mit der Flan-Masse füllen. Ganz wichtig: Die Förmchen müssen beim Backen im Wasserbad stehen. Am besten eignet sich eine Auflaufform, die zu einem Drittel mit Wasser gefüllt ist. Den Flan bei 150 Grad (Ober- / Unterhitze) bis 170 Grad (Umluft) 45 Minuten backen. Aus dem Ofen nehmen, etwas abkühlen lassen und dann auf den Teller stürzen.

Während der Flan im Ofen schmort, ist das Gemüse dran: die weißen und schwarzen Bohnen in Wasser kochen. Das Wasser nicht salzen, da die Bohnen sonst nicht gar werden. In einem zweiten Topf die Prinzessbohnen und die Karotte etwa zehn Minuten blanchieren – das Wasser in diesem Topf verträgt eine ordentliche Prise Salz. Alle Gemüse, die Bohnen wie die Karotten sollten gar, aber noch bissfest sein. In einem Topf das Olivenöl erhitzen und die Zwiebel darin glasig anschwitzen. Mehl dazugeben und ein bis zwei Minuten weiterschwitzen bis es Farbe annimmt. Nun die Brühe angießen und das Ganze zu einer dicken Sauce ziehen. Mit Salz, Pfeffer und Bohnenkraut abschmecken. Die Gemüse in die Sauce geben, verrühren, fertig. Wer mag, kann die Bohnen noch mit einer Zehe Knoblauch verfeinern.

Für 4–6 Personen
Flan:
6 Eiertomaten, grob gewürfelt und abgetropft
100g Tomatenmark
100ml Gemüsebrühe
1 Zwiebel, fein gewürfelt
3 EL Olivenöl
10–12 Blätter Basilikum
4 Eier
Salz und Pfeffer
10g Butter
Bohnengemüse:
je 50g weiße und schwarze Bohnen, über Nacht in Wasser eingeweicht
400g Prinzessbohnen, geputzt
1 Karotte, in Stifte geschnitten
Olivenöl
1 rote Zwiebel, gewürfelt
30g Mehl
400ml Gemüsebrühe
Salz und Pfeffer
1 TL Bohnenkraut, gerebelt

KARTOFFEL-ZWIEBEL-PUFFER MIT KOHLRABIGEMÜSE

Rohe Kartoffeln in Kombination mit Salz ziehen Wasser. Und je feuchter die Masse für die Kartoffelpuffer ist, desto weniger stabil ist sie. Deshalb der Trick aus der Esszimmer-Küche: Ein Teil der Kartoffeln wird vor dem Reiben gekocht, bindet die entstehende Flüssigkeit im Teig und macht ihn so stabil. Beim Braten der Puffer sollte die Temperatur des Öls nicht allzu hoch sein, da sie sonst innen nicht gar werden.

Für 4 Personen
Gemüse:
4 Köpfe Kohlrabi, in Stifte geschnitten
1 Karotte, in Stifte geschnitten
3 EL Butter
200 ml Gemüsebrühe
2 EL Mehl
Salz und Pfeffer
Muskat
1 Schuss Sahne
1 EL Petersilie, gehackt
Pufferteig:
1 kg festkochende Kartoffeln, davon 200 g gekocht
2 Gemüsezwiebeln, fein gewürfelt
Salz und Pfeffer
Muskat

In einem Topf den Kohlrabi und die Karotte in einem Esslöffel Butter anschwitzen. Mit der Brühe ablöschen und darin etwa sieben Minuten dünsten. Den Dünstfond abgießen (nicht wegschütten!) und die Gemüsestifte abkühlen lassen. In einem zweiten Topf die restliche Butter schmelzen und das Mehl darin einige Minuten anschwitzen. Mit dem Dünstfond aufgießen, zu einer glatten Sauce rühren und mit Salz, Pfeffer und Muskat abschmecken. Nun das Gemüse wieder in die Sauce geben und mit einem Schuss Sahne vollenden. Mit der Petersilie garnieren.

Jetzt geht's an die Puffer: die rohen und die gekochten Kartoffeln reiben. Mit den Zwiebeln vermischen und mit Salz, Pfeffer, Muskat und eventuell Knoblauch abschmecken. Aus dem Teig mindestens fingerdicke Puffer formen und in reichlich Olivenöl etwa zehn Minuten goldbraun ausbacken. Auf einem Bett von Kohlrabigemüse servieren.

PFLAUMENKUCHEN MIT MÜRBETEIG

Katja Kettners Obstkuchen geht weg wie warme Semmeln. Dabei steckt hinter dem famosen Geschmack ein recht einfaches Geheimnis. Die Hälfte des verwendeten Mehls lässt sie frisch mahlen und veredelt so das gekaufte Mehl. Als Belag für den Kuchen eignet sich im Grunde jedes Obst – selbst solches, das nicht gebacken wird. Für ihren Erdbeerkuchen backt Katja Kettner den Teig ohne Belag im Ofen, bestreicht den gebackenen Teig mit einer Mischung aus Mascarpone, Quark und Zucker und belegt ihn anschließend mit frischen Erdbeeren.

Für 6 Personen
Teig:
250 g Weizenmehl, davon 125 g frisch gemahlen
150 g Butter
80–100 g Rohrzucker
1 Eigelb
1 Prise Salz
Belag:
800 g Pflaumen, entsteint, halbiert
50 g Mandeln, gemahlen
50 g weißer Rohrzucker

Das Mehl, die Butter, den Zucker, das Eigelb und Salz zu einem glatten Teig verkneten und mindestens eine halbe Stunde in Folie eingewickelt kalt stellen. Eine gebutterte Springform mit dem Teig auslegen und mehrmals mit einer Gabel einstechen. Den Zucker und die Mandeln vermischen und den Teig damit bestreuen. Dies sorgt dafür, dass der Saft aus den Früchten den Teig beim Backen nicht zu sehr durchweicht. Nun das Obst auf dem Teig verteilen und für etwa 30 Minuten bei 220 Grad backen.

APRIKOSENTRIFFEL

Triffel ist ein Schichtdessert, das an Tiramisu erinnert, jedoch fruchtiger ist als die italienische Variante. Garniert wird das Aprikosentriffel mit süß eingelegten Kirschen. Und hätten Adam keine Äpfel geschmeckt, mit diesen Kirschen hätte ihn Eva sicher verführt.

Eine flache, viereckige Auflaufform mit den Löffelbiskuites auslegen. In eine beschichtete Pfanne den Zucker geben und die Aprikosen mit der Fleischseite auf den Zucker legen. Langsam erhitzen bis der Zucker karamellisiert. Mit dem Weißwein ablöschen, vier bis fünf Minuten köcheln lassen. Pfanne vom Herd nehmen und das karamellisierte Obst abkühlen lassen.

Die Sahne mit dem ausgekratzten Mark der Vanilleschote steif schlagen und unter die Mascarpone heben. Nun die Aprikosen auf den Löffelbiskuites verteilen. Die Gelatine einige Minuten in kaltem Wasser einweichen, dann mit der Fruchtsauce verrühren. Jetzt die Mascarpone-Sahne-Masse mit einem Spatel auf die Aprikosen streichen, zuletzt den lauwarmen Fruchtfond über das Triffel gießen. Für einige Stunden im Kühlschrank kühlen. Kalt servieren.

Für die Kirschen den Zucker in einer Pfanne karamellisieren lassen, mit dem Weißwein ablöschen und einkochen, bis der Karamell sich ganz aufgelöst hat. Die Hälfte der Kirschen zugeben und fünf bis zehn Minuten köcheln lassen. Die Sauce durch ein Sieb passieren. Jetzt den Rest der Kirschen in der warmen Sauce ziehen lassen.

Für 6 Personen

Triffel:

1 Pck. Löffelbiskuites
250g weißer Rohrzucker
500g Aprikosen, entsteint, halbiert
100 ml Weißwein
200 ml Sahne
Mark von 1 Vanilleschote
600g Mascarpone
3 Blatt Gelatine

Kirschen:

200g weißen Rohrzucker
200 ml Weißwein
400g Süßkirschen, die Hälfte davon entstielt und entkernt

GUTBÜRGERLICHES MENÜ À LA

Feuerrädchen

HANDKÄSBROT MIT
KRÄUTERQUARK

★

GURKENSALAT MIT DILL

★

GROSSER KARTOFFELKLOSS MIT
LEBERWURST GEFÜLLT AUF SAUERKRAUT

★

TAFELSPITZ MIT GRÜNER SOSSE
UND PELLKARTOFFELN

★

APPELRÄNZCHEN MIT
VANILLESAUCE

KAY EXENBERGER, „FEUERRÄDCHEN“

Handkäs, Rippche, Sensationen

„Geht nicht, gibt's nicht.“ Hätte nicht ein Baumarkt den Spruch für sich abonniert, Kay Exenberger stünde er vermutlich längst auf der Brust geschrieben. Denn nichts erfüllt er lieber, als die Wünsche seiner Gäste im Feuerrädchen. Ein paar extra Bratkartoffeln hier, ein Schwätzchen da, ein Schnäpschen obendrauf. Und wenn ihn die „Mädels“ vom Service nicht bremsen, würde er auch noch das letzte hölzerne Apfelweindeckelchen an das bunte Volk verschenken, was sich hier jeden Abend versammelt: Dicke und Dünne, Alte und Junge, Reiche und Arme, mit Hund und ohne Hund, eingefleischte Frankfurter und eingereiste Touristen aus Fernost.

In die Gastronomie eingestiegen ist der 37-Jährige als Lehrling im Hotel. Es folgten Kellnerjahre in Italien, im Hamburger Vier Jahreszeiten und in einem Zirkuszelt bei Brot und Spielen. Seine Lehrzeit als Koch absolvierte er anschließend in der Ente, dem Gourmettempel in Wiesbaden. Das war im wahrsten Sinne des Wortes Knochenarbeit, denn um ihn abzuhärten ließen ihn seine Meister in den ersten Wochen nur Gebeine für die Fonds zerhacken. Trotz der Tortur – Kay Exenberger hatte Blut geleckt und beschlossen, sich eines Tages selbständig zu machen. Und zwar in Rhein-Main. Denn hier kommt er her und hier gehört er hin.

Klar war auch: Seine Zukunft sollte gutbürgerlich sein. „Schuster, bleib' bei deinen Leisten“, sagt er dazu. Die Entscheidung fürs Rustikale ist allerdings weniger rational als emotional. Schon die Küche seiner Großmutter in Offenbach, bei der er aufgewachsen ist, hatte es ihm angetan. Und bis heute kann er von Nudeln mit Haschee nicht genug kriegen. Er liebt eben, wofür er steht. Rippche mit Kraut, Grie Soß und Bratkartoffeln – das gab es in seiner ersten Station, im Schreiber Heyne, das gab es auch im Markthaus in Offenbach und das gibt es heute im altehrwürdigen Feuerrädchen in der Textorstraße, durch das „de Kay“ seit mittlerweile anderthalb Jahren saust. Die gediegene Etikette aus der Lehrzeit hat er längst abgelegt. In seinem Lokal tragen die Kellnerinnen weder Uniform, noch müssen sie „vom Fach“ sein. Kay Exenberger schätzt andere Qualitäten: „Beim Service kommt es auf die Herzensbildung an.“

Nach kulinarischen Sternen greift Kay im Feuerrädchen nicht unbedingt. Vielmehr liegt bei ihm im Einfachen die Kraft. Gegen ein bisschen „Pepp“ für die hessischen Klassiker hat er allerdings nichts einzuwenden. Im Gegenteil. So kreierte er aus den Kräutern der Grünen Soße das „Frankfurter Pesto“ und importierte ein ursprünglich saarländisches Gericht – den gefüllten Kartoffelkloß – an den Main, bettete ihn auf Sauerkraut und nährte ihn ordentlich mit grober Lebberwoscht. Ein besonderes Faible hat er für Sahne. Dank ihr bekommen Kartoffelbrei, Gurkensalat und Schokopudding das Prädikat, was er am allerliebsten vergibt: „Sensationell.“

Ob im sommerlichen Garten oder der schummrigen Gemütlichkeit der Wirtschaft: Im Feuerrädchen begegnen sich Menschen mit einem Hang fürs Lokale. Hier können sie beim Bembel mit Freunden ihre Alltagssorgen vergessen, sich am Stammtisch den Kopf heiß reden oder einfach mal wieder essen wie bei Muttern. Auch wenn das Blut der Gäste durch das Stöffche mitunter arg in Wallung gerät – schlechte Stimmung kommt nicht auf. Sauer macht eben lustig. Und für den Rest sorgt Kay Exenberger. „Ich könnte jeden Abend einen Film drehen“, sagt er, „was hier abgeht, ist sensationell“. Da ist zum Beispiel die Gruppe der Altherrensportler um die 70, die sich vier mal im Jahr trifft. Zunächst werden die Namen der Verstorbenen vorgelesen, dann gibt es einen medizinischen Vortrag – man will schließlich auf dem Laufenden bleiben. Hinterher wendet man sich mit sportlichem Ehrgeiz der Hausmannskost und dem Apfelwein zu. Gleich in seinem ersten Jahr hatte die Gruppe Dragoslav Stepanovic eingeladen. Als Kay Exenberger den legendären Eintracht-Trainer entdeckte, schnappte er sich eine Leiter und ließ Steppi den Satz unterschreiben, der ihn einst berühmt gemacht hatte und der hier auf einem Deckenbalken prangt: „Lebbe geht weider.“ Und im Feuerrädchen steckt man mittendrin.

HANDKÄSBROT MIT KRÄUTERQUARK

Es muss ja nicht immer der Klassiker sein: In diesem Rezept wird Handkäs' nicht „mit Musik" gereicht, sondern mit einem frischen Kräuterquark, bei dem, so Kay Exenberger, „die Radieschen den Frühling machen". Wer von der Musik dennoch nicht lassen will, dem sei verraten: Im Feuerrädchen wird der Handkäse nicht eingelegt. Vielmehr werden die klein geschnittenen Zwiebeln, gutes Pflanzenöl und Essig erst unmittelbar vor dem Servieren über den Käse gegeben. Beim Kauf von Handkäse sollte man darauf achten, dass er durchgereift ist, er innen also nicht mehr weiß ist.

Für 4 Personen
150g Quark (20% Fett)
150g Schmand
150g Joghurt
10 Radieschen, in kleine Stifte geschnitten
4 Frühlingszwiebeln, in feine Ringe geschnitten
1 Schälchen Kresse, geschnitten
1 Bund Schnittlauch, fein geschnitten
Salz und Pfeffer
4 Bauernhandkäse
4 große Scheiben frisches, rustikales Bauernbrot

Quark, Schmand und Joghurt in einer Schüssel zu einer cremigen Masse verrühren. Die Gemüse und Kräuter hinzugeben (einige Radieschenstifte zurück behalten), salzen und pfeffern, alles gut vermischen und ziehen lassen. Nun die Handkäse einmal längs und einmal quer durchschneiden, die Brotscheiben damit belegen. Den Kräuterquark darauf geben und mit den übrigen Radieschenstiften garnieren.

GURKENSALAT MIT DILL

Gurkensalat ist schnell gemacht und schmeckt, etwa als Beilage zu dem Kartoffelkloß. Kalorienbewusste können das Dressing natürlich auch ohne Sahne und zum Beispiel mit Joghurt zubereiten. Allerdings trägt Fett nun mal den Geschmack. Traurig, aber wahr.

Die Gurke mit einer Reibe in dünne Scheiben hobeln. Mit Salz bestreuen, damit das Wasser herauszieht. In einer Schüssel Sahne, Essig, Essiggurkenwasser, Dill und Zwiebeln miteinander verrühren. Das Gurkenwasser abschütten und die Gurkenscheiben zu dem Dressing geben, mit Salz und Pfeffer abschmecken, umrühren. Den Salat kurz ziehen lassen.

Für 4 Personen
1 ½ Salatgurken, geschält
1 Becher Sahne
2 EL Essig
1 Schuss Essiggurkenwasser
1 kleiner Bund Dill, fein geschnitten
1 kleine Zwiebel, fein gewürfelt
Salz und Pfeffer

GROSSER KARTOFFELKLOSS MIT LEBERWURST GEFÜLLT AUF SAUERKRAUT

Ein absoluter Renner im Feuerrädchen ist der gefüllte Kartoffelkloß. Der stammt zwar eigentlich aus dem Saarland, aber im Hinterhof der Textorstraße 24 ist man ja weltoffen. Die Leberwurst sollte sehr würzig sein, Kay Exenberger schwört auf eine Hausmacher mit Majoran. In einem Restaurant, in dem Tag für Tag mehrere Dutzend Klöße verzehrt werden, kapitulieren übrigens selbst die fleißigsten Kartoffelschäler: Die Klöße werden aus fertigem Kloßteig gezaubert.

Für das Sauerkraut in einem Topf einen Esslöffel Butterschmalz erhitzen. Die Zwiebel und den Bauchspeck darin einige Minuten anrösten. Wenn die Zwiebel goldgelb ist, das Sauerkraut hinzu geben, kurz mitdünsten und mit Apfelsaft und Apfelwein ablöschen. Die Lorbeerblätter und Wacholderbeeren dazugeben, mit der Brühe aufgießen und mindestens eine halbe Stunde köcheln lassen. Eventuell mit Salz abschmecken. Zum Schluss das restliche Butterschmalz unterrühren, das verleiht dem Kraut einen schönen Glanz.

Nun zu den Klößen. Zunächst Wasser in einem großen Topf zum Kochen bringen. Währenddessen Muskat in den Kloßteig reiben und diesen durchkneten. Den Teig und die Leberwurst jeweils vierteln, die Wurststücke zu Kugeln formen. Nacheinander die Teigteile in der Hand zu einem flachen Fladen drücken und je eine Kugel in die Mitte legen. Den Teig vorsichtig um die Wurst drücken und mit beiden Händen zu einem Kloß formen. Dieser sollte gut „verschlossen" sein und keine Risse mehr haben. Das Kochwasser salzen und die Klöße hinein geben, die Temperatur reduzieren und die Klöße 15 bis 20 Minuten ziehen lassen.

Zum Schluss den Speck in einer Pfanne auslassen und die Zwiebeln darin goldgelb braten. Wer mehr Soße mag, gibt Bratenfond zu den Zwiebeln und dickt ihn mit etwas Speisestärke an. Das Sauerkraut auf Tellern verteilen, je einen Kloß darauf setzen und die Speck-Zwiebel-Mischung bzw. die Specksauce darüber geben.

Für 4 Personen
Sauerkraut:
2 EL Butterschmalz
1 Zwiebel, fein gewürfelt
100g Bauchspeck, fein gewürfelt
1 große Dose Sauerkraut (ca. 800g) oder frisches vom Markt
½ Glas Apfelsaft
½ Glas Apfelwein
3 Lorbeerblätter
1 TL Wacholderbeeren
¼ l Gemüse- oder Fleischbrühe
evtl. Salz
Klöße:
1 Prise Muskat
800g Kloßteig (für vier Klöße)
150g grobe Hausmacherleberwurst
1 TL Salz
100–150g ungeräucherter Bauchspeck, fein gewürfelt
1 Zwiebel, fein gewürfelt
evtl. etwas Bratenfond und Speisestärke

FRANKFURTER GRÜNE SOSSE

Um die Rezeptur von Grüner Soße streiten sich bekanntlich die Geister und Geschmäcker. Das Credo von Kay Exenberger lautet: Niemals Mayonnaise! Und die Kräuter sollten feiner als fein geschnitten werden. Als Hauptgang wird Grüne Soße traditionell mit Salz- oder Pellkartoffeln und halbierten hart gekochten Eiern serviert.

Für 4 Personen

1 Packung Grüne-Soße-Kräuter
1–2 Essiggurken
150g Schmand
150g Crème fraîche
80g Joghurt
1 TL Senf
1 Schuss Zitronensaft
Salz und Pfeffer
2 hart gekochte Eier (wer mag), gehackt

Die Kräuter waschen, gut abtropfen lassen, entstielen und zusammen mit den Essiggurken in der Küchenmaschine zerkleinern. Wer keine Küchenmaschine hat, kann auch das Messer schwingen und alles sehr klein schneiden. Die Kräutermasse im Sieb abtropfen lassen, damit die Grüne Soße nicht zu flüssig wird. In einer Schüssel Schmand, Crème fraîche, Joghurt, Senf sowie den Zitronensaft vermischen. Salzen, pfeffern und die Kräuter unterrühren. Zum Schluss die Eier hinzugeben. Nochmals abschmecken.

TAFELSPITZ MIT GRÜNER SOSSE UND PELLKARTOFFELN

Das in Gemüsebrühe weich gekochte Fleisch zählt, mit Meerrettichsauce gegessen, zu den Nationalgerichten Österreichs. Mit Grüner Soße serviert, ist es allerdings längst auch zu einem Frankfurter Klassiker avanciert. Tafelspitz ist ausgesprochen einfach zuzubereiten – und ganz nebenbei entsteht eine leckere Brühe für Suppen.

Für 4–6 Personen

1 kg Tafelspitz vom Jungbullen
2 Bund Suppengrün, grob gewürfelt
3 Lorbeerblätter
1 TL Pfefferkörner
2 TL Salz
1 kg Kartoffeln, festkochend
Grüne Soße (siehe oben)

Das Fleisch von Sehnen befreien. Das Fett abschneiden, nur am Deckel, der Oberseite des Stücks, dranlassen, das hält das Fleisch schön saftig. In einem großen Topf knapp zwei Liter Wasser zum Kochen bringen und das Fleisch, einen Bund Suppengrün sowie die Gewürze hinein geben. Hitze etwas reduzieren, das Fleisch gut zwei Stunden leise köcheln lassen. Den Schaum, der sich auf der Wasseroberfläche bildet, mit einer Schöpfkelle abnehmen. Zehn Minuten vor Schluss den zweiten Bund Suppengrün ins Wasser geben und mitgaren. Das Fleisch ist gar, wenn es leicht von der Fleischgabel gleitet.

In der Zwischenzeit in einem zweiten Topf die gewaschenen und ungeschälten Kartoffeln gar kochen (je nach Größe 20–25 Minuten). Das Wasser abschütten und die Kartoffeln im Topf warm halten. Das Fleisch aus der heißen Brühe nehmen und mit einem scharfen Messer entlang der Fasern in maximal fingerdicke Scheiben schneiden. Pro Person zwei oder drei Scheiben gefächert auf die Teller legen und etwas noch nicht zerkochtes Gemüse darauf legen. Grüne Soße und Pellkartoffeln dazu reichen.

APPELRÄNZCHEN MIT VANILLESAUCE

Wahrscheinlich kennen neun von zehn Hessen Appelränzchen von ihrer Oma. So auch Kay Exenberger von der seinen. An ihrem Rezept für die saftigen Apfelpfannküchlein hat er nur wenig verändert: Statt in Ringe, schneidet er die Äpfel in Scheiben und in den Teig gibt er noch einen Schuss Sahne. Man gönnt sich ja sonst nichts.

Die Äpfel schälen, entkernen, vierteln und in feine Scheiben schneiden. In einer Schüssel das Mehl, die Milch und die Eier mit einem Schneebesen zu einem glatten Teig verrühren. Einen Schuss Sahne untermischen, ebenso Salz, Zucker, Backpulver und Zitronensaft. Nun die Apfelscheiben beigeben. Den Teig etwa 20 Minuten quellen lassen. In einer Pfanne Butter erhitzen und darin faustgroße Pfannküchlein von beiden Seiten goldgelb ausbacken. Mit etwas Vanillesauce sofort servieren.

Für 4–6 Personen

250 g Mehl
300 ml Milch
3 Eier
1 Schuss Sahne
1 Prise Salz
4 EL Zucker
½ TL Backpulver
1 Schuss Zitronensaft
3 Äpfel (z. B. Boskop)
Butter zum Ausbacken
1 Packung Vanillesauce

MEDITERRANES MENÜ À LA

Größenwahn

THUNFISCH-CARPACCIO

Roher Thunfisch mit Fenchel und Kapern

HÜHNERLEBER-CROSTINI

Geröstetes Brot mit Hühnerleberpaste

★

STEIRISCHE KÜRBISSUPPE

Muskatkürbis-Suppe mit Estragon und Kürbiskernöl

★

MALLORQUINISCHES KANINCHEN

Geschmortes Kaninchen mit Schalotten und Oliven

RADICCHIO-RISOTTO

Cremiger Risottoreis aus dem Veneto

★

AMARETTI-MOUSSE

Mousse mit Amarettini-Stückchen und Stachelbeersauce

THOMAS BRUNNHUBER UND GITTI TROUVAIN, „GRÖSSENWAHN“

Die Lust an der Last

Eigentlich ist es nur ein Brett, durch dessen Unterseite irgendwer einmal 30 Nägel geschlagen hat. Für Thomas Brunnhuber und Gitti Trouvain aber verwandelt sich dieses Brett jedes Wochenende in ein gefräßiges Monster. Unablässig werden Zettel mit den Wünschen der Gäste auf die Nägel gespießt. Mag Papier an sich geduldig sein, diese Zettel sind es nicht. Da drängen Vorspeisen und Suppen, Hauptgerichte und Desserts. Erst nach 22 Uhr und vielen Stunden Arbeit unter Hochspannung, bei der im Schnitt alle anderthalb Minuten ein Gericht nach draußen gegangen ist, lichtet sich der Zettelwald. „Irrsinn“, sei das, sagen die beiden. Ganz unschuldig an dem, was sich hier jeden Abend abspielt, sind die beiden als langjährige Köche im Größenwahn jedoch nicht.

Als Gitti Trouvain in jungen Jahren von zuhause und damit auch aus dem elterlichen Gasthof auszog, stand ein Entschluss fest: „Nie wieder Gastronomie.“ Geklappt hat es nicht. Nachdem sie sich durch die ein oder andere Frankfurter Groß-WG gekocht hatte, fing sie in den frühen Achtzigerjahren im Größenwahn an. Ein Gelegenheitsjob sollte es sein. Schnell aber wurde aus der Bei- die Chefköchin. Dann tauchte eines Tages Thomas Brunnhuber in der Küche auf, ein junger Mann aus Bayern, der schon mit 15 Jahren im Münchner Löwenbräukeller seine Lehre begonnen hatte. Die Quereinsteigerin aus Nordhessen und der bayrische Koch „vom Fach“ wurden ein Paar, im Leben wie in der Küche des Größenwahn. Seitdem wird hier ohne Firlefanz, aber auf höchstem Niveau gekocht und ist das Lokal Seriensieger in Frankfurter Gastroführern. Allem Erfolg zum Trotz sind sie beiden zurückhaltend, fast scheu geblieben. Sie machen die Küche, die Musik im Größenwahn aber machen andere. Und das nicht zu knapp.

Tatsächlich ist das Größenwahn ein Phänomen. Vom ersten Tag an rannten die Spontis und Schwulen und Lesben der späten Siebzigerjahre dem Szenelokal die Türen ein. Ein bewegter Ort für bewegte Zeiten. Und obwohl die lila Wände und die langen Haare der Gäste von einst verschwunden sind, hat sich das Größenwahn auch nach fast dreißig Jahren den Charme des etwas Anderen bewahrt: Weil der Andrang so groß ist, werden die Gäste schon mal umgesetzt, so dass alle einen Platz finden. Ab und an, wenn die Köche hoffnungslos überlastet sind, wird der „Küchenstopp“ ausgerufen, bei dem der Service erst mal keine Bestellungen mehr entgegen nimmt. Nirgendwo sonst geht es so lebendig und herzlich zu wie im Größenwahn, jener Mischung aus Nachbarschaftskneipe und ausgezeichnetem Restaurant.

Der Erfolg indes hat Methode. Seien es die Servicekräfte, die Inhaber oder seien es die insgesamt fünf Köche – alle müssen durch den abendlichen Irrsinn hindurch, niemand aber muss es jeden Abend. Die freien Tage erlauben es durchzuatmen und erhalten die Lust. So kann Thomas Brunnhuber von montags bis donnerstags Motorrad fahren oder sich ein Spiel seiner geliebten Bayern ansehen. Gemeinsam kann das Paar Konzerte in der Batschkapp besuchen oder stundenlang über Kochbüchern brüten. Die Folge: In wenig anderen Restaurants der Stadt ist das kulinarische Repertoire so abwechslungsreich und kreativ. Die Küche von „Gitti & Bruni“ sowie ihrer Kollegen steht für Braciola à la Siciliana neben Weißwürstl, für mediterranen Muscheltopf neben Taboulé und für eigene Erfindungen wie mit Chorizo gefüllten Schweinebraten. Reisen der beiden in die Karibik und nach Südostasien haben die Karte noch um Cajun-Gerichte und thailändische Köstlichkeiten bereichert.

Im Größenwahn haben Thomas Brunnhuber und Gitti Trouvain die Freiheit gefunden, ihrer Leidenschaft fürs Kochen in vollen Zügen nachzugehen. Gerade deshalb aber klappt das mit dem Loslassen doch nicht immer so richtig. Manchmal plagt sie schon dienstags wieder die Frage, was denn freitags gekocht werden soll. Und so kippt die Lust daran, sich immer etwas Neues auszudenken, mitunter in die Last, sich immer wieder etwas einfallen lassen zu müssen. Dann stehen sie auf dem Balkon ihrer Wohnung im dritten Stock des Größenwahn-Hauses und durchstreifen gedanklich ihre kulinarische Weltkarte – im Wissen, dass drei Etagen tiefer ein Brett auf Nachschub wartet.

THUNFISCH-CARPACCIO —

Roher Thunfisch mit Fenchel und Kapern

Weniges gelingt leichter und schmeckt frischer als ein Thunfisch-Carpaccio. Doch: Auf die Zutaten kommt es an. So sollte das beste Olivenöl verwendet werden, das die Küche hergibt. Auch sind Kapern nicht gleich Kapern, Nonparailles heißen die kleinsten und edelsten. Wichtig ist zudem, dass der Zitronensaft erst unmittelbar vor dem Verzehr auf den Thunfisch geträufelt wird, da er den Beizprozess sofort in Gang setzt.

Den Thunfisch in Klarsichtfolie wickeln und ca. 45 Minuten ins Gefrierfach legen, da er sich angefroren leichter schneiden lässt. Herausnehmen, auswickeln und mit einem scharfen Messer in hauchdünne Scheiben schneiden. Klarsichtfolie über die Scheiben legen und diese vorsichtig klopfen. Nun die Scheiben auf Teller legen, mit dem Zitronensaft und Olivenöl beträufeln, mit Salz und Pfeffer würzen. Zum Schluss die Kapern sowie die Fenchelscheibchen auf dem Carpaccio verteilen.

Für 4 Personen
350 g Thunfischfilet, ohne Haut und Knorpel
Saft von 1–2 Zitronen
Olivenöl „extra vergine"
Salz und Pfeffer
2 EL kleine Kapern („Nonparailles")
1 kleine Fenchelknolle, fein gehobelt

HÜHNERLEBER-CROSTINI —

Geröstetes Brot mit Hühnerleberpaste

Das italienische Wort Crostini heißt übersetzt „Krüstchen". Die getoasteten, frittierten oder gerösteten, jedenfalls knusprigen Weißbrotscheiben gibt es mit allerlei unterschiedlichen Belägen, von Fisch, über Gemüse und Käse, Pasten und Cremes bis zu nichts anderem als einem Hauch Knoblauch samt ein paar Tropfen Olivenöl. Immer jedoch werden sie noch warm als Vorspeise gegessen.

Die Schalotten, den Sellerie und Knoblauch in Olivenöl bei mittlerer Hitze andünsten. Die Sardellen, Kapern und Kräuter hinzufügen und kurz mitdünsten. Nun die geputzte Hühnerleber, Speck, Schinken und die Hühnerbrust zugeben und vier bis fünf Minuten anbraten. Mit einem Schuss Rotwein ablöschen. Die Masse beiseite stellen. Sobald sie etwas abgekühlt ist, in einen Mixer geben und fein pürieren. Mit viel frisch gemahlenem schwarzen Pfeffer, eventuell einer Prise Salz und noch etwas Olivenöl abschmecken. Zum Servieren das Weißbrot in fingerdicke Scheiben schneiden, im Grill, Backofen oder Toaster rösten und noch warm mit der Hühnerleberpaste bestreichen.

Für 4–6 Personen

2 Schalotten, fein gewürfelt
2 Stangen Staudensellerie, fein gehobelt
2 Knoblauchzehen, fein gehackt
3 EL Olivenöl
2 Sardellenfilets in Öl
1 EL kleine Kapern („Nonparailles")
einige Rosmarinnadeln, 4 Salbeiblätter
250g Hühnerleber,
Häutchen und Fett entfernt
50g Speck, in Streifen geschnitten
50g luftgetrockneter Schinken,
in Streifen geschnitten
50g Hühnerbrustfilet,
in Streifen geschnitten
1 Schuss Rotwein
Schwarzer Pfeffer, evtl. Salz
1 Italienisches Weißbrot

STEIRISCHE KÜRBISSUPPE —

Muskatkürbis-Suppe mit Estragon und Kürbiskernöl

Für diese Suppe kann man auch andere Kürbissorten verwenden. Der Hokaido zum Beispiel ist insofern pflegeleicht, als dass man ihn mit Schale verzehren kann, außerdem lässt sich aus seinem satt-orangenen Fleisch die farbenfrohste Suppe zaubern. Gitti Trouvain und Thomas Brunnhuber bevorzugen wegen seines feineren Geschmacks allerdings den Muskatkürbis. Statt Kürbiskernöl kann man vor dem Servieren auch ein paar angeröstete Kürbiskerne auf der Suppe verteilen.

Den Kürbis schälen, Kerne und Fasern entfernen und in grobe Stücke zerteilen. Das Olivenöl in einem großen Topf erhitzen, die Zwiebel und den Knoblauch bei mittlerer Temperatur anschwitzen. Sobald die Zwiebel goldgelb ist, den Kürbis hinzu geben und kurz mitdünsten. Den Wein und die Gemüsebrühe angießen und zum Kochen bringen. Die Suppe mit Lorbeer, Pfeffer und Chili würzen. Nach etwa 30 Minuten Kochzeit den frisch gehackten Estragon (einige Blätter zum Garnieren aufheben) und die Crème fraîche einrühren und kurz mitköcheln lassen. Nun die Suppe mit dem Zauberstab pürieren und durch ein feines Sieb passieren. Mit Curry, Muskat, Worcestersauce, Salz und Pfeffer würzen, in Suppenteller gießen, mit den restlichen Estragonblättern garnieren und einigen Tropfen Kürbiskernöl beträufeln.

Für 4–6 Personen

1 kg Muskatkürbis
2 EL Olivenöl
1 Gemüsezwiebel, grob gewürfelt
1 Knoblauchzehe, gehackt
¼ l fruchtiger Weißwein
(z.B. Morio-Muskat)
¾ l Gemüsebrühe
2 Lorbeerblätter
1 TL Pfefferkörner
1 Stückchen Chili-Schote (nach Belieben),
klein geschnitten
2 EL frische Estragonblätter
2 EL Crème fraîche
1 Prise Curry
Muskatnuss, frisch gerieben
ein paar Spritzer Worcestersauce
Salz und Pfeffer
2 EL Kürbiskernöl

MALLORQUINISCHES KANINCHEN —
Geschmortes Kaninchen mit Schalotten und Oliven

Dieses süß-scharfe Kaninchen ist ein Klassiker der balearischen Küche, bei dem die Schalotten – sehr feine und milde Zwiebeln (und im Übrigen keine Frühlingszwiebeln) – als Ganze mitgeschmort werden. Und wie es typisch für Spanien und die balearischen Inseln ist, wird als Beilage Weißbrot gereicht.

Für 4 Personen
1–2 Hand voll Rosinen
4 cl Brandy
1 Kaninchen (mind. 1,4 kg)
oder 4 Keulen
10 EL Olivenöl
Salz
12 Schalotten, geschält
2 Karotten, gestiftet
10 Knoblauchzehen
½ l Weißwein
Saft von 2–3 Zitronen
2 Chilischoten, entkernt und klein geschnitten
2 Zimtstangen
5 Nelken
1 TL schwarze Pfefferkörner
2 Lorbeerblätter
10 Stiele Thymian
1 Prise Safran
15 schwarze Oliven (mit Stein)
evtl. 1 TL Mondamin (Speisestärke)

Zunächst die Rosinen in dem Brandy einweichen. Nun zu dem Kaninchen, das, so der Metzger noch nicht Hand angelegt hat, folgendermaßen zerlegt wird: Fett, Haut und Sehnen entfernen. Leber, Lunge und Niere auslösen, nur die Leber aufheben. Den Kopf, die Schlegel (Vorderläufe) und Keulen (Hinterläufe) abschneiden. Als nächstes sind die Bauchlappen dran, schließlich den Rücken in vier Teile hacken – das war's.

Jetzt die Hälfte des Olivenöls in einem Bräter erhitzen und die gesalzenen Kaninchenteile von allen Seiten darin anbraten. Das Fleisch wieder aus dem Bräter heraus nehmen und die Schalotten, Karotten und den Knoblauch in dem Braten- und dem restlichen Olivenöl bei mittlerer Hitze andünsten. Das Gemüse aus dem Bräter herausnehmen und das Kaninchen wieder hinein tun. Wein und Zitronensaft angießen, die Rosinen und die Chilis hinzugeben, ebenso die restlichen Gewürze, salzen. Alles im geschlossenen Bräter im Backofen bei 180 Grad etwa 45 Minuten schmoren, nach einer halben Stunde die Oliven hinzugeben. Das Kaninchen ist gar, wenn sich das Fleisch gut vom Knochen löst. Leberfans können vor dem Servieren noch die Kaninchenleber in etwas Olivenöl anbraten. Und wer die Sauce etwas sämig mag, kann sie in einen Topf gießen, aufkochen und das Mondamin einrühren. Die Sauce einige Minuten einkochen lassen und wieder zu dem Kaninchen geben.

RADICCHIO-RISOTTO — *Cremiger Risottoreis aus dem Veneto*

Risotto ist eine einfache, sättigende und typisch norditalienische Speise, bei der nicht viel schief gehen kann, sofern man ihr die Aufmerksamkeit zollt, die sie verlangt. Heißt: 20 Minuten am Herd stehen und brav rühren. Den cremigen Reis gibt es in unzähligen Kombinationen, mit ausgelassenem Speck, mit Spinat oder mit Zitrone, Thymian und Wodka, immer aber sollte der Reis nicht zu trocken werden (sprich: noch am Holzlöffel kleben) und al dente sein. Risotto lässt sich wie hier als Hauptgericht servieren, passt aber auch hervorragend als Beilage zu Fleisch- und Fischgerichten. Bei diesem Rezept aus dem Veneto verleiht Radicchio dem Gericht ein bittersüßes Aroma. Es spricht übrigens auch nichts dagegen, rosa gebratene Entenbrüste (siehe Rezept S.111) dazu zu reichen.

Für 4–6 Personen
½ Packung Butter
2 Karotten, fein gewürfelt
2 Knoblauchzehen, fein gehackt
500 g Radicchio, fein gehackt
500 g Risottoreis (Arborio-Reis)
1,5 l heiße Hühner- oder Gemüsebrühe
Salz und Pfeffer
3 EL Sahne
100 g Parmesan, frisch gerieben

Die Hälfte der Butter in einem großen Topf schmelzen lassen und die Karotten darin weich dünsten. Den Knoblauch und kurze Zeit später den Radicchio hinzufügen. Rühren, bis er eingefallen ist. Jetzt den Reis einrieseln lassen und eine große Schöpfkelle Brühe zugießen. Rühren, bis die gesamte

Flüssigkeit aufgesogen ist. Nach und nach die restliche Brühe hinzu geben, dabei immer rühren. Nach etwa 20 Minuten ist der Reis cremig weich, aber noch bissfest. Mit Salz und Pfeffer abschmecken, die restliche Butter, die Sahne und den Parmesan (etwas Käse aufheben) einrühren. Den Topf vom Herd nehmen und das Risotto bei geschlossenem Deckel einige Minuten ziehen lassen. Vor dem Servieren mit dem restlichen Parmesan bestreuen.

AMARETTI-MOUSSE —

Mousse mit Amarettini-Stückchen und Stachelbeersauce

Ob Mohn-Mousse, Creme Bavaroise, Marsala-Parfait oder eben Amaretti-Mousse – die süßen Sünden im Größenwahn sind legendär. Im Prinzip lassen sich alle Obstsorten für die fruchtige Beilage verwenden, zu diesem Amaretti-Mousse passen allerdings säuerliche Früchte wie Stachel-, Him- und Brombeeren, Kumquats oder Sauerkirschen am besten.

Für 4 Personen

1 Blatt Gelatine
Mark von 1 Vanilleschote
¼ l Sahne
125g weiße Kuvertüre
1 Ei
2 EL Orangenlikör (z.B. Grand Marnier)
50g Amarettini, grob zerbröselt
3 EL Zucker
½ Tasse Wasser
evtl. 1 Schuss Brandy
300g Stachelbeeren

Zur Vorbereitung die Gelatine in kaltem Wasser einweichen, die Vanilleschote längs aufschneiden und das Mark herauskratzen sowie die Sahne steif schlagen. Nun geht es los: Die Kuvertüre in Stücke brechen und im Wasserbad (in einer Metall-Schüssel, die in einem Topf mit etwas siedendem Wasser hängt) schmelzen lassen, das Vanillemark unter die Kuvertüre rühren. In einem zweiten heißen Wasserbad das Ei mit dem Orangenlikör zu einer dickflüssigen Creme aufschlagen. Die Gelatine ausdrücken und in der Creme auflösen, noch einmal gut durchschlagen. Jetzt die Kuvertüre unter die Ei-Creme rühren. Schließlich die geschlagene Sahne und die Amarettini-Brösel nach und nach unterheben. Die Mousse mindestens fünf Stunden kalt stellen.

Für den Stachelbeer-Kompott den Zucker in einem Topf bei mittlerer Hitze karamellisieren. Sobald er sich aufgelöst hat, mit Wasser ablöschen, eventuell einen Schuss Alkohol und die Beeren dazu geben. Aufkochen und köcheln lassen, bis die Beeren zu zerfallen beginnen. Fertig ist ein Stachelbeer-Kompott. Um daraus eine Sauce zu machen, das Kompott pürieren und durch ein Sieb abseihen.

ROESSEN

INDISCHES MENÜ À LA

Indigo

SAMOSAS

Gefüllte Teigtaschen mit Minz-Joghurt-Sauce

★

SAAG LAMM

Zart gedünstetes Lammfilet mit Spinat

BOMBAY KARTOFFELN

Gebratene Kartoffeln in scharfer Tomatensauce

CHANNA DAAL

Gelbe Linsen

BHINDI MASALA

Okraschoten in Tomatencurrysauce

mit

PILAU-REIS

Bunter Gemüsereis

LACCHA PARATHA

Blättriges Vollkornfladenbrot

★

MALAI AM

Mangocreme

GURSCHARAN SINGH BANJARA, „INDIGO“

Eine Frage der Mischung

Vor dem Indigo teilt sich die Welt: Linkerhand strömen Freier durch enge Hauseingänge in die oberen Etagen, rechterhand schießt das Dresdner-Bank-Hochhaus gen Himmel. Genau hier, an der Ecke zwischen Weser- und Taunusstraße, geht das Bahnhofsviertel des Rotlichts in das der Banken über. Und genau hier wurde Ende der Siebzigerjahre das wohl erste indische Restaurant der Stadt eröffnet. Seit fünf Jahren heißt es nun Indigo und in dieser kurzen Zeit ist es mehrfach als Bestes seiner Art ausgezeichnet worden. „Kein Problem“ sei die außergewöhnliche Lage seines Restaurants, sagt Gurscharan Singh Banjara. Kein Problem, das sagt er oft und zu fast jeder Gelegenheit. Kein Problem als Ausdruck seiner höflichen, zurückhaltenden Art. Vielleicht ist aber auch alles kein Problem, wenn man erlebt hat, was er erlebt hat.

Der Mann, der meist ein blaues Hemd (wie auch hier im Bild) und immer einen Schnurrbart trägt, ist in Delhi aufgewachsen. Als Spross einer Speditions-Familie verbrachte er seine Schulferien auf dem Beifahrersitz von LKWs und reiste Tausende von Kilometern zwischen Kaschmir, Asssam und Kerala hin und her. Da seine Familie der Religionsgemeinschaft der Sikh angehört, besuchte er eine religiöse Schule und trug den aus sieben Metern Stoff gewickelten Turban. Später dann, als junger Student, geriet er in die Auseinandersetzungen zwischen der Zentralregierung und den nach Unabhängigkeit strebenden Sikhs im Norden Indiens. 1984 kam es zum offenen Kampf und auch Gursharan Singh Banjara griff zu den Waffen. Mehrere Tage lang verteidigte er das höchste Heiligtum seiner Religion, den goldenen Tempel in Amritsar, gegen die Armee. Als der Konflikt weiter eskalierte, beschloss er, das Land zu verlassen. Deutschland gewährte ihm Asyl.

Die bewegten Jahre sind lange vorbei. Heute lebt der 37-Jährige ein übersichtliches Leben: Sonntags geht es zum Gebet in den Gottesdienst nach Höchst, die übrige Zeit verbringt er zuhause in Bonames und in seinem Restaurant. In der dortigen Küche vertraut er drei Köchen, die in indischen Spitzenhotels und -restaurants gelernt haben. Doch auch er kennt sämtliche Kniffe und Tricks der indischen Kochkunst. Das muss er auch, denn seine Köche, so will es die deutsche Politik, dürfen hier nur ein kurzes Gastspiel geben. Als Spezialitätenköche eingereist – nachdem sie einen Kochtest der deutschen Botschaft in Delhi bestehen mussten –, erlischt ihre Aufenthaltserlaubnis nach spätestens drei Jahren.

Der Chef aber kann blieben und sorgt dafür, dass die Gäste des Indigo bekommen, was sie hier gewohnt sind: frisch zubereitete, authentische Gerichte aus Nordindien. Wie in Indien, Eldorado für jeden Anhänger fleischloser Kost, stehen zahlreiche vegetarische Gerichte auf der Speisekarte und gibt es Hülsenfrüchte in allen Farben und Formen zu genießen, darunter etwa die Leibspeise indischer LKW-Fahrer aus schwarzen Linsen, die 24 Stunden kochen müssen. Typisch nordindisch ist die große Auswahl an Broten aus dem Tonofen – von ungesäuertem Brot bis zu Weißmehlfladen, die mit Trockenobst und Nüssen gefüllt sind – und die eher vorsichtige Verwendung von Chilis. Gurjaran Singh Banjara: „Eine gute Schärfe verbrennt nicht den Mund, sondern verfliegt so rasch wie sie gekommen ist.“ Im Indigo brennt es nur, wenn der Gast es wünscht.

Tatsächlich steckt hinter der Verwendung der Gewürze und Kräuter viel Kunstfertigkeit. So hat jeder Koch eine eigene Vorstellung davon, wie viel Kardamom, Cumin oder Nelken an ein bestimmtes Gericht gehören. Gleichwohl gibt es einige Grundregeln, die in Bombay, Kalkutta wie auch im Indigo gelten. Zum Beispiel: Am Anfang schwitzen die Gewürze. Anders als in vielen Küchen der Welt werden in der indischen die meisten Gewürze zunächst angebraten, bevor die übrigen Zutaten hinzukommen. Regel Nummer zwei: Kein Gewürz soll die anderen ausstechen. Schließlich zielt das indische Kochen immer aufs große Ganze: auf eine ganzheitliche Harmonie von heiß und kalt, auf sättigende und heilende Wirkung der Speisen, auf die Regelung der Körpertemperatur. Das mag kompliziert klingen, letztlich aber macht auch hier Übung den Meister. Oder, wie Gurscharan Singh Banjara, sagt: „Alles kein Problem.“

SAMOSAS — *Gefüllte Teigtaschen mit Minz-Joghurt-Sauce*

Die gefüllten Teigtaschen sind eine klassische indische Vorspeise, die fast jeder vom indischen Imbiss an der Ecke kennt. Sie einmal selbst zuzubereiten, macht zwar etwas mehr Mühe, lohnt sich aber. Ein Tipp für den Einkauf: Ajowan-Samen sind ein thymianähnliches Gewürz, das hierzulande fälschlicherweise auch als Liebstöckelsamen verkauft wird. Man findet Ajowan auch unter den Bezeichnungen Adiowan, Ajwain Seeds, Königskümmel oder Indischer Kümmel. Im Indigo werden die Samoas mit Minzsauce gereicht. Um diese herzustellen, gibt es einen kurzen, bequemen sowie einen längeren und überzeugenderen Weg. Der einfache: Einen Teelöffel gekaufte Minzsauce in Joghurt einrühren. Der aufwendigere, bei dem man den Joghurt selbst herstellt, geht folgendermaßen:

Für 6–8 Personen

Sauce:

1 l frische Milch
3 EL Joghurt (3,5 % Fett)
2 Hand voll frische Minze, fein geschnitten
½ TL gemahlener Kreuzkümmel (Cumin)
½ TL Salz

Teig:

300 g Weizenmehl
½ Tasse Wasser
50 ml Sonnenblumenöl
1 TL Ajowan-Samen
1 TL Salz

Füllung:

4 Kartoffeln
100 g Erbsen
1 Hand voll Cashew-Nüsse, grob zerkleinert
½ TL gemahlene Koriandersamen
1 TL Garam Masala (Gewürzmischung)
1 Prise scharfes Chili-Pulver
1½ TL Salz
½ TL gemahlener Pfeffer
1 l Pflanzenöl zum Frittieren

Die Milch in einem Topf erhitzen. Sobald sie einmal aufgekocht ist, sofort vom Herd nehmen und auf lauwarme Temperatur abkühlen lassen. Etwas Milch und den Joghurt in eine Tasse geben und vermischen. Die Joghurtmilch in den Topf mit der Milch gießen und verrühren. Nun den Topf zugedeckt an einen warmen Ort stellen. Hier beginnen die Joghurtkulturen ihr Werk: Die Milch wird sauer und dickflüssig. Nach etwa zehn Stunden kann man diesen Prozess unterbrechen, indem man den Joghurt in den Kühlschrank stellt. Abschließend die Minze, den Kreuzkümmel und das Salz unterrühren.

Für den Teig alle Zutaten in einer großen Schüssel, auf einer bemehlten Arbeitsfläche oder in einer Küchenmaschine zu einem sehr festen Teig verarbeiten. Diesen mindestens 15 Minuten kneten, so dass er schön glatt wird und unter einem feuchten Tuch einige Minuten ruhen lassen.

Nun die Füllung zubereiten. Die Kartoffeln in Salzwasser gar kochen, anschließend kurz abschrecken und die Schale abziehen. Sobald die Kartoffeln abgekühlt sind, werden sie mit einem Messer in sehr kleine Stücke geschnitten. Diese mit den übrigen Zutaten für die Füllung in einer Schüssel gut vermischen.

Den Teig in acht gleich große Kugeln teilen und mit dem Nudelholz auf einem eingefetteten Holzbrett sehr dünn ausrollen. Die etwa handgroßen Fladen in zwei Hälften schneiden und aus jeder Hälfte eine Tüte formen. Das geht so: Die Halbkreise in der Mitte der langen Kante zusammenfalten und die Kante fest zusammendrücken. Jeweils zwei Teelöffel der Füllung in diese Tüten füllen und die Teigtaschen an den Rändern gut zusammendrücken und verschließen. Zum Frittieren das Öl in einem tiefen Topf erwärmen. Nach und nach die Samosas in dem heißen Öl von beiden Seiten jeweils ein bis zwei Minuten frittieren, so dass sie goldgelb und kross sind. Auf Küchenpapier abtropfen und mit der Minzsauce servieren.

INDISCHE HAUPTSPEISEN

In Indien ist es eher unüblich, dass nur ein Gericht auf den Tisch kommt. Vielmehr werden mehrere Speisen aufgetragen, darunter meist Linsen, und alle greifen zu. Die Mengenangaben bei den nachstehenden Hauptgerichten sind so gewählt, dass man zwei unterschiedliche Gerichte kochen sollte, um vier bis sechs hungrige Esser satt zu bekommen.

Ghee: Als Fett zum Braten, Kochen und Frittieren wird in Indien das flüssige „Ghee" (sprich: Gie) verwendet. Beim Kochen der Butter verdampft der Wasseranteil und der größte Teil des Eiweißes fällt aus dem Fett aus, so dass Ghee sehr verdaulich ist und sich bestens zum Erhitzen eignet. Es ist auch ein wichtiger Bestandteil der ayurvedischen Küche. Man kann Ghee in indischen und arabischen Lebensmittelgeschäften kaufen, auf deutsches Butterschmalz ausweichen oder aber selbst herstellen. An einem kühlen Ort gelagert hält sich das Ghee mehrere Monate. Die Herstellung ist einfach: Eine Packung Butter – oder nach Belieben mehrere Packungen – in einem Topf bei niedriger Temperatur schmelzen lasen. Gelegentlich etwas rühren, damit sie nicht braun wird. Sobald sie vollständig geschmolzen ist, die Hitze erhöhen und die Butter einmal aufkochen lassen, bis sie schäumt. Nun die Hitze auf die niedrigste Stufe reduzieren und die Butter 30 bis 40 Minuten ganz leicht köcheln lassen, nicht mehr umrühren. Das Ghee nimmt eine goldgelbe Farbe an und wird klar. Die Flüssigkeit durch ein Küchentuch in ein sauberes Gefäß abseihen. Es sollten keine festen Teile mehr in der Flüssigkeit schwimmen, eventuell noch ein zweites Mal abseihen.

SAAG LAMM — *Zart gedünstetes Lammfilet mit Spinat*

Seinen besonderen Geschmack erhält dieses Gericht durch die Senfblätter. Diese gibt es in den meisten asiatischen Lebensmittelfachgeschäften. Falls man keine findet, kann man auch ein bis zwei Esslöffel Sarson Ka Saag hinzugeben, pikant gewürzte Senfblättergemüse aus der Dose – das gibt es in jedem indischen Geschäft.

Zunächst die Zwiebel und die Gewürze in heißem Ghee bei mittlerer Hitze in einer großen Pfanne anbraten. Dabei entsteht eine dunkle, cremige Paste. Sobald die Zwiebeln weich sind, die Lammwürfel dazugeben und von allen Seiten scharf anbraten. Nun etwas Wasser und die Tomaten hinzugeben, salzen. Die Hitze reduzieren und das Fleisch bei geschlossenem Deckel etwa 20 Minuten garen, bis es zart ist. Den Spinat und die Senfblätter in die Pfanne geben. Das Ganze einige Minuten köcheln lassen, noch einmal abschmecken. Zum Servieren mit frischem Koriander bestreuen.

Für 2–3 Personen

1 Zwiebel, fein gewürfelt
1 TL gemahlener Kreuzkümmel (Cumin)
1 kleine Grüne Chili, fein geschnitten
2 Knoblauchzehen, fein gehackt
1 TL gemahlener Koriandersamen
2 TL frischer Ingwer, gerieben
2 EL Ghee (siehe oben)
oder Butterschmalz
500g Lammfilet,
in 2cm große Würfel geschnitten
½ Tasse Wasser
2–3 Tomaten, klein gewürfelt
1 TL Salz
500g frischer Spinat, geputzt, gewaschen
und fein gehackt
1 Hand voll Senfblätter, getrocknet
frischer Koriander zum Garnieren, gehackt

BOMBAY KARTOFFELN —

Gebratene Kartoffeln in scharfer Tomatensauce

Im Indigo wird dieses Gericht meist als feurig-scharfe Beilage serviert, aber auch als Hauptspeise eignet es sich bestens. Eine gute Schärfe ist laut Gursharan Singh Banjara übrigens dann gelungen, wenn der Gaumen nicht minutenlang „brennt", sondern die Schärfe wie eine Brise kommt und rasch wieder vergeht.

Die Kartoffeln ungeschält in einem Topf mit kochendem Wasser etwa 25 Minuten gar kochen. Das Wasser abgießen, die Kartoffeln kurz abschrecken, pellen und achteln. Das Ghee in einer Pfanne erhitzen und den Kreuzkümmel, die Chili und das Korianderpulver unter ständigem Rühren kurz darin anbraten. Die Kartoffeln hinzufügen und von allen Seiten in der Ge-würzmischung anbraten. Mit den Tomaten ablöschen, salzen und Kurkuma und Garam Masala in die Sauce geben. Diese zwei, drei Minuten einkochen, bis sie leicht andickt. Zum Schluss den frischen Koriander unterrühren.

Für 2–3 Personen
6–8 Kartoffeln, festkochend
3 EL Ghee (siehe Rezept S. 84) oder Butterschmalz
1 TL gemahlener Kreuzkümmel (Cumin)
1–2 kleine Grüne Chili, klein geschnitten
1 TL Korianderpulver
1 Dose passierte Tomaten (400 g)
2 Tomaten, klein gewürfelt
1 TL Salz
1 TL Kurkuma
1 TL Garam Masala (Gewürzmischung)
½ Hand voll frischer Koriander, klein geschnitten

CHANNA DAAL — *Gelbe Linsen*

Hülsenfrüchte, Hülsenfrüchte, Hülsenfrüchte – in keiner anderen Küche der Welt werden so viele der kleinen Eiweißbömbchen verzehrt wie in der indischen. Daals gehören zu den beliebtesten und bekanntesten Gerichten. Für das nachstehende Rezept kann man fast alle Linsensorten verwenden. Bei kleinern Sorten verkürzt sich die Kochzeit deutlich.

Die Linsen in einem Topf Salzwasser mit dem Kurkuma etwa 40 Minuten kochen, bis sie weich werden (wenn man sie am Tag vorher in Wasser eingelegt hat, geht es schneller). Etwas Öl dazugeben und den beim Kochen entstehenden Schaum abschöpfen. Die gegarten Linsen abtropfen lassen. In einer Pfanne den Kreuzkümmel und die Zwiebel in heißem Ghee anbraten. Sobald die Zwiebel goldgelb ist, die Tomaten, Linsen und das Wasser hinzufügen, ebenso die übrigen Gewürze, gut umrühren und das Ganze noch ein paar Minuten köcheln lassen. Zum Servieren mit dem Koriander bestreuen.

Für 2–3 Personen
250 g Gelbe Linsen (Channa Daal)
1 TL Kurkuma
1 EL Sonnenblumenöl
1 TL gemahlener Kreuzkümmel (Cumin)
1 Zwiebel, fein gewürfelt
2 EL Ghee (siehe Rezept S. 84) oder Butterschmalz
2 Tomaten, fein gewürfelt
1 Tasse Wasser
2 TL Bockshornklee, gerebelt
1 TL Salz
1 TL frischer Ingwer, gerieben
1 TL Knoblauch, gehackt
1 TL Korianderpulver
½ TL Rote-Chili-Pulver
1 TL Garam Masala (Gewürzmischung)
frischer Koriander zum Garnieren, gehackt

BHINDI MASALA — *Okraschoten in Tomatencurrysauce*

Wer schon einmal mit Okras gekocht hat, weiß, wie leicht sie zerfallen und dann breiig werden können. In diesem Rezept wird dies dadurch verhindert, dass die Schoten zunächst kurz frittiert werden. Statt Okraschoten kann man übrigens auch gekochte Kichererbsen verwenden.

Zunächst die Stiele und die Enden der Okras abschneiden. Das Öl in einer tiefen Pfanne stark erhitzen und die Okraschoten darin kurz frittieren, so dass sie von allen Seiten leicht angebräunt sind. Aus der Pfanne nehmen und auf Küchenkrepp abtropfen lassen. Das Ghee in einer anderen Pfanne erhitzen und die Zwiebel, das Korianderpulver sowie den Cumin darin bei mittlerer Hitze anbraten. Knoblauch und Ingwer hinzugeben und kurz mitbraten, dann die passierten Tomaten, das Wasser sowie die übrigen Gewürze hinzugeben und die Sauce einige Minuten einkochen lassen. Die gerösteten Okraschoten vorsichtig untermischen und noch ein, zwei Minuten in der köchelnden Sauce ziehen lassen. Mit dem frischem Koriander garnieren.

Für 2–3 Personen
3 Hand voll Okraschoten
½ Tasse Pflanzenöl
2 EL Ghee (siehe Rezept S. 84)
1 Zwiebel, fein gewürfelt
1 TL Korianderpulver
1 TL gemahlener Kreuzkümmel (Cumin)
1 EL Knoblauch, fein gehackt
2 EL frischer Ingwer, gerieben
1 kleine Dose passierte Tomaten
½ Tasse Wasser
1 TL Bockshornklee, gerebelt
1 TL Curry-Masala-Pulver
½ TL Rote-Chili-Pulver
1 Prise Kurkuma
1 TL Salz
frischer Koriander zum Garnieren, gehackt

PILAU-REIS — *Bunter Gemüsereis*

Reis ist das Grundnahrungsmittel Indiens. Es gibt unzählige Varianten, ihn mit Gemüse und Gewürzen zu verfeinern, meist wird er aber einfach „plain“ gegessen. Nachstehend das Rezept für Basmatireis – und wie er im Indigo zu Pilau-Reis verfeinert wird.

Den Reis so oft waschen, bis das Wasser klar ist. Etwa eine halbe Stunde in Wasser einweichen lassen. Das Wasser abschütten und den Reis mit 600 ml Wasser in einen Topf geben. Salzen. Zum Kochen bringen. Sobald das Wasser kocht, die Temperatur auf die kleinstmögliche Stufe reduzieren. Nach 10 bis 15 Minuten ist der Reis gar und das Wasser vollständig aufgesogen.

Nun das Ghee in einer großen Pfanne erhitzen und den Kreuzkümmel bei mittlerer Temperatur darin anbraten. Die Pilze zugeben und mitbraten. Anschließend die Erbsen, den Reis und das Salz hinzufügen, umrühren. Die Safranfäden in eine Tasse geben und mit etwas heißem Wasser übergießen. Die Tasse kurz schwenken und das Safranwasser zu dem Reis geben und gut vermischen.

Für 4–6 Personen
300 g Basmati-Reis
½ TL Salz
600 ml Wasser
2 EL Ghee (siehe Rezept S. 84) oder Butterschmalz
1 EL gemahlener Kreuzkümmel (Cumin)
2 Hand voll frische Champignons, in Scheiben geschnitten
2 Hand voll Erbsen
1 Prise Salz
1 Messerspitze Safranfäden

LACCHA PARATHA — *Blättriges Vollkornfladenbrot*

Für 4–6 Personen
500g Weizenvollkornmehl
plus Mehl zum Bestäuben
1 TL Salz
2 Tassen Wasser
Ghee (siehe Rezept S. 84)
oder Butterschmalz zum Bepinseln

Die Auswahl verschiedener Brote in Indien ist enorm: Neben den Fladen aus Weizenvollkornmehl Chapati bzw. Roti gibt es Puri, das aus dem gleichen Teig besteht, aber frittiert wird, das Hefebrot Nan und das scharf gewürzte Papadam. Die Besonderheit des Laccha Paratha besteht darin, dass es mehrfach gefaltet wird. Im Indigo wird es im Tandoor-Ofen gebacken, einem zylindrischen Holzkohleofen, in dem auch Gerichte wie Tandoori-Hühnchen aus dem Punjab gegart werden. Zum Backen werden die feuchten Fladen an die Innenwände des heißen Ofens geklebt und, sobald sie durchgebacken sind, mit langen Metallspießen herausgeholt. Keine Sorge: Wer zufälligerweise keinen Tandoor zuhause hat, kann Laccha Paratha auch in einer Pfanne zubereiten.

Das Mehl und das Salz in eine Schüssel geben. Schluckweise das Wasser zufügen und das Mehl zu einem recht weichen Teig kneten. Diesen mindestens 15 Minuten weiter kräftig kneten. Aus dem Teig eine Kugel formen, diese mit etwas Ghee bestreichen und ca. 20 Minuten ruhen lassen.

Am leichtesten lässt sich der Teig auf einem großen Holzbrett ausrollen, das man mit etwas Ghee oder Pflanzenöl eingerieben hat. Den Teig mit einem eingefetteten Nudelholz zu etwa 20 cm großen Fladen ausrollen. Nun kommt der Trick: Diese Fladen von beiden Seiten mit etwas Mehl bestäuben und wie eine Ziehharmonika falten. Diese zu einer Schnecke zusammenrollen und dann mit den Fingern wieder zu einem Fladen drücken.

Zum Braten eine Pfanne mit Ghee bepinseln und bei mittlerer Temperatur erhitzen. Die Fladen je eine Minute von beiden Seiten braten bis sie leicht gebräunt sind. Wer mag, kann das Brot vor dem Servieren noch einmal mit Ghee bepinseln. Am besten schmeckt Laccha Paratha, wenn es noch warm gegessen wird.

MALAI AM — *Mangocreme*

Für 4–6 Personen
2–3 reife Mangos
oder 1 große Dose Mango Pulp (350g)
½ Becher Sahne
2 EL Zucker
1 Hand voll Eiswürfel

Mango ist nicht gleich Mango – besonders in hiesigen Breitengraden. Um dieses Dessert zu zaubern, müssen die Früchte auf jeden Fall reif sein, alles andere endet im Desaster. Gute asiatische Mangos mit orangener Schale und einem satten orangenen Fleisch gibt es in indischen und thailändischen Lebensmittelgeschäften. Und bevor man unreife Mangoklötze im Supermarkt kauft, sollte man lieber auf eine Dose Mangopüree ausweichen. Menschen ohne Zauberstab können auch einfach die Eiswürfel weglassen, die Sahne steif schlagen und diese unter die pürierten Mangos heben.

Bei frischen Mangos die Früchte schälen und das Fruchtfleisch vom Kern lösen. Das Fleisch (oder das Mangopüree aus der Dose) mit den übrigen Zutaten in einen Rührbecher geben und etwa fünf Minuten mit dem Zauberstab pürieren – je länger man püriert, umso cremiger wird es. Die Creme in Servierschalen füllen und mindestens eine Stunde kühlen.

MDH
Kitchen
King

ITALIENISCHES MENÜ À

La Fenice

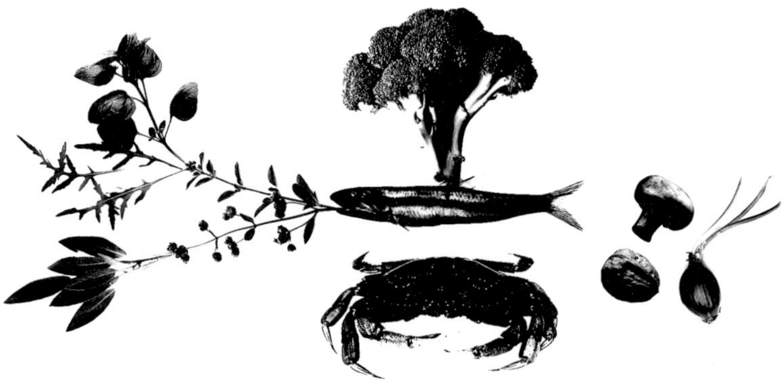

MINESTRONE

Italienische Gemüsesuppe

VITELLO TONNATO

Kalbfleisch mit Thunfischsauce

★

INSALATA FANTASIA

Bunter Salat mit Fenchel und Meeresfrüchten

★

CRESPELLE

Gerollte Crêpes mit Ricotta-Spinat-Füllung und Tomatensauce

RAPE À LA CARMELA

Seeteufel mit Zitronen-Pistazien-Sauce, mit Gemüse und Kartoffeln

★

ZABAIONE

Weinschaumcreme

CARMELA AL QAID, „LA FENICE“

Gottes Kraft, Carmelas Werk

Es gibt solche und solche, leider jedoch mehr solche. Man erkennt sie an mächtigen Vorspeisenvitrinen, in denen gebratene Champignons den lieben langen Tag ihr Aroma mit dem Meeresfrüchte-Salat austauschen. An Kellnern, die armlange Pfeffermühlen schwingen wie Mordinstrumente. Oder daran, dass Aperitifs aufgedrängt und Dosengemüse in Sahnesauce serviert wird. All das sind untrügliche Anzeichen für 08/15-Ristorantes mit viel Schnick und noch mehr Schnack. Das La Fenice in Rödelheim hat nun gar nichts von solch einem „Italiener“. Vielmehr ist es das Reich von Carmela al Qaid und die Bühne ihrer einzigartigen „Erlebnisgastronomie“.

Wer vor dem schlichten Wohnhaus im Hausener Weg steht, vermutet darin allenfalls eine durchschnittliche Pizzeria, aber kein Restaurant mit ausgezeichneter Küche, das fast jeden Abend ausgebucht ist. Das La Fenice wirkt einfach, fast bieder und alles andere als prätentiös. „In Luxus und Schicki-Micki fühle ich mich nicht wohl. Ich mag es lieber rustikal“, sagt die 45-jährige Chefin. Bester Beleg dafür ist die Inneneinrichtung: Über der Theke thront ein Ziegeldach, hinter Fensterimitaten an den Wänden leuchten Kitsch-Poster mit Mittelmeer-Panoramen. Modern war das einmal irgendwann in den Achtzigerjahren. Doch darauf kommt es hier nicht an.

Seit vielen Jahren bereits tobt sich die gebürtige Sizilianerin in dem kleinen Gastraum und der noch viel kleineren Küche aus. Augenblicke der Ruhe gönnt sie sich dabei nicht. Vielmehr singt sie, wenn sich die Gelegenheit bietet, schreit sie, wenn es mal nicht anders geht, und dazwischen redet und redet und redet sie, als gäbe es kein Morgen mehr. Während dessen huscht sie im Stil der schnellsten Maus von Mexiko zwischen ihrem Herd und den Gästen hin und her, schwenkt hier ein ganzes Arsenal an Pfannen, räumt dort Geschirr ab und erklärt jedem, der es wissen will oder auch nicht, woher sie die Kraft für all das nimmt: „Jeden Morgen zünde ich eine Kerze an und bete drei Vaterunser. Wir sind alle Gottes Kinder.“

Um im Bild zu bleiben: Zum Kochen kam Carmela al Qaid wie die Jungfrau zum Kind. Gelernt hat sie „Friseurin“ und um das zu verdienen, was zum Leben nötig ist, ging sie putzen. Dann aber, mehr als 20 Jahre ist es her, heiratete sie einen Landsmann. Der eröffnete das La Fenice und beorderte die Gattin in die Küche, auch wenn die seinerzeit „gerade mal ein Ei kochen“ konnte. Doch schnell freundete sie sich mit Zutaten und Pfannen an und experimentierte wild drauf los. „Kochen ist eine Gabe Gottes“, beteuert die Autodidaktin vor dem Herrn. Frei entfalten konnte sie diese Gabe aber erst zehn Jahre später. Nach der Trennung von ihrem Mann übernahm sie, statt wie zunächst geplant nach Mailand zu verschwinden, selbst das La Fenice und mauserte sich zu einer der eigenwilligsten Köchinnen der Stadt.

„Ich koche italienisch, aber irgendwie auch ein bisschen französisch und arabisch. Ich koche eben wie Carmela.“ Die Folge: Auf der Karte finden sich zwar sämtliche Klassiker der italienischen Küche, wenige aber werden schulbuchmäßig zubereitet. Vielmehr verfeinert sie hier und verändert dort, ganz so, wie die Inspiration sie leitet. Fisch zum Beispiel serviert sie mit einer Sauce aus Honigmelone und Pistazien, die Minestrone schmeckt sie mit Cumin und Zimt ab. Diesen arabischen Einschlag gebe es auch auf Sizilien, das nur einen Katzensprung von Tunesien entfernt liegt. Vor allem aber hat sie ihn aus Marokko, der Heimat ihres heutigen Ehemannes. Auf ihrem Herd kommt sie mit gerade mal einem Topf aus, in dem die Pasta gekocht wird. Ansonsten bereitet sie fast jedes Gericht, selbst Suppen, in der Pfanne à la minute zu. Und weil es ja nicht langweilig werden soll, schicken die Mächte im Himmel ihr zuverlässig neue Ideen. So kommt es, dass es im La Fenice fast unmöglich ist, einfach so nach Karte zu bestellen, zumindest dann, wenn die Chefin selbst die Bestellung aufnimmt. Dann schießt sie an den Tisch, rattert die Tagesempfehlungen herunter, strahlt, wie es sonst nur die Sonne kann – und verschwindet mit dem Satz: „Ach egal. Ich mache dir was Besonderes. Lass dich überraschen.“

OLIO DI ERBE — *Kräuteröl*

Jeder Koch hat seine eigenen Tricks. Carmela al Qaid schwört auf ein Kräuteröl, mit dem sie die meisten ihrer Gerichte würzt. Für dieses sollten auf jeden Fall frische und keine getrockneten Kräuter verwendet werden. Die Herstellung ist einfach und das Öl lässt sich gut lagern.

1 Kräuterstrauß aus Oregano, Basilikum, Thymian, Rosmarin, Majoran, Salbei
100–150 ml Olivenöl
4 EL Balsamico Essig
½ TL Salz

Die Kräuter entstielen, sehr fein schneiden und mit dem Öl und dem Essig mischen. Salzen. Noch schneller geht das Ganze, wenn man alle Zutaten in eine Küchenmaschine gibt und die Kräuter darin häckselt.

MINESTRONE — *Italienische Gemüsesuppe*

Es sollte kein Winter vergehen, in dem man nicht mindestens einmal eine kräftigende italienische Gemüsesuppe gegessen hat. Bei Carmela al Qaid wird die Suppe nicht lange gekocht. Vielmehr brät sie das Gemüse unmittelbar vor dem Servieren in der Pfanne an, gibt Flüssigkeit hinzu und – fast schon – fertig. Durch die Gewürze erhält diese Minestrone einen arabischen Pfiff.

Für 4 Personen
3 Tomaten, 4 Karotten, 2 Zucchini,
4 Stangen Sellerie, alles grob gewürfelt
3 Schalotten, geviertelt
3 EL Olivenöl
2 Hand voll Brokkoli-Röschen
2 Hand voll Erbsen
6 Spargel
1 Suppenkelle Tomatensauce
(siehe Rezept S. 97)
4 Suppenkellen Wasser
1 TL Gewürzmischung aus Zimt, Kreuzkümmel (Cumin) und Paprikapulver
1 TL Gemüsebrühe
Salz
1 Hand voll geriebener Parmesan
4 EL Kräuteröl (siehe oben)

Zunächst die Tomaten, Karotten, Zucchini und die Selleriestangen grob würfeln, die Schalotten vierteln. Das Öl in einer tiefen Pfanne erhitzen und sämtliche Gemüse (bis auf die Tomaten) darin anbraten, die Pfanne mehrfach schwenken. Nach etwa drei Minuten die Tomaten zufügen, dann die Tomatensauce, das Wasser und die Gewürze hinzugeben, mit Salz abschmecken. Die Suppe kurz kochen, bis das Gemüse gar, aber noch bissfest ist. Vor dem Servieren den Parmesan über die Suppe streuen und diese mit Kräuteröl beträufeln.

VITELLO TONNATO — *Kalbfleisch mit Thunfischsauce*

Vitello Tonnato, eine herzhafte Thunfischsauce auf dünn geschnittenen Kalbsfleischscheiben, ist eine klassische italienische Vorspeise, die auch im La Fenice auf der Karte steht. Carmela al Qaid aber hat ihre ganz eigene Vorstellung davon, was darunter zu verstehen ist: Bei ihr wird aus kalt warm und aus unten wird oben. Heißt: Sie kocht das Fleisch nicht am Stück und schneidet es dann kalt in feine Scheiben, sondern brät die tranchierte Kalbshüfte erst kurz vor dem Servieren. Und statt die Thufischsauce über das aufgeschnittene Fleisch zu gießen, legt sie das Fleisch auf die Sauce.

Für 4 Personen
1 Stange Sellerie, grob gewürfelt
1 kleine Möhre, grob gewürfelt
2 Frühlingszwiebeln, grob geschnitten
3–5 Sardellenfilets
½ Hand voll Kapern
Blätter von je 1 Zweig Oregano, Basilikum und Salbei
1 Dose Thunfisch (im eigenen Saft)
½ Glas Weißwein
2 EL Mayonnaise (oder die Dotter von 2 hart gekochten Eiern)
2 EL Olivenöl
1 Schuss Balsamico Essig
600g Kalbshüfte, tranchiert
3 EL Olivenöl
Salz

Zunächst die Gemüse grob würfeln. Zusammen mit den Sardellen, Kapern und Kräutern, dem Thunfisch, dem Wein in einen Mixer geben und pürieren. Nun die Mayonnaise oder alternativ die Eier, das Öl und den Essig hinzugeben, noch einmal kurz zu einer cremigen Sauce pürieren. Falls sie zu fest ist, noch etwas Wein oder einen Schluck Wasser zugeben. Kalt stellen.

Sofern die Kalbshüfte nicht schon vom Metzger tranchiert wurde, nun selbst Hand anlegen: Das Fleisch vom Fett befreien und mit einem scharfen Messer entlang der Fasern in sehr dünne Scheiben schneiden. Diese platt klopfen. Je eine Schöpfkelle der kalten Thunfischsauce auf einen Teller geben, diesen Teller ein wenig schütteln, so dass ein Saucenspiegel entsteht. Nun die Kalbsscheiben kurz und scharf in einer Pfanne in Olivenöl anbraten, salzen und auf die Sauce legen. Sofort servieren.

INSALATA FANTASIA — *Bunter Salat mit Fenchel und Meeresfrüchten*

Carmela al Qaid ist eine leidenschaftliche Verfechterin der These, dass Fanstasie zum A und O des Kochens gehört. So verwundert es auch nicht, dass sie ihrem Salat mit Fenchel („La Fenice") und Meeresfrüchten diesen Namen gegeben hat.

Für 4 Personen
2 Hand voll Feldsalat, geputzt
1 Bund Rucola, geputzt
1 Fenchel, vom Strunk entfernt und in Streifen geschnitten
3 Tomaten, gewürfelt
½ Gurke, gewürfelt
½ Bund Frühlingszwiebeln, in Ringe geschnitten
1 Hand voll Krabben, gekocht
2 EL Walnussöl
1 Hand voll Champignons, in Scheiben geschnitten
8 frische Garnelen, geschält
100–150g Krebsfleisch, in 2–3 cm große Stücke geschnitten
1–2 EL gemahlene Walnüsse
1 EL Kräuteröl (siehe Rezept S. 94)
Olivenöl und Balsamico Essig, Salz

Die Salate, mit Ausnahme der Champignons alle Gemüse und die Krabben in einer großen Salatschüssel mischen. Das Öl in einer Pfanne erhitzen und die Pilze, die Garnelen und das Krebsfleisch scharf anbraten. Die Nüsse sowie das Kräuteröl hinzugeben. Die Pfanne vom Herd nehmen. Den Salat mit Olivenöl, Balsamico Essig und etwas Salz anmachen und auf den Tellern verteilen. Zum Schluss die gebratenen Zutaten gerecht darauf geben – so dass alle gleich viele Garnelen bekommen.

NAPOLI-SAUCE — *Klassische Tomatensauce*

Eine gute Tomatensauce neapolitanischer Art ist das Fundament unzähliger italienischer Speisen. Carmela al Qaid verwendet sie zum Beispiel als Grundstock für ihre Tomatensuppe und – nomen est omen – als Sauce zu Spaghetti Napoli.

Das Öl mit der Zwiebel, dem Sellerie und der Möhre in einer Küchenmaschine fein häckseln. Die dabei entstehende Paste in eine große Pfanne geben und ein, zwei Minuten anbraten. Nun den Knoblauch hinzugeben, kurz danach auch die Tomaten, so dass der Knoblauch nicht verbrennt. Die übrigen Zutaten hinzufügen. Die Sauce aufkochen lassen, anschließend die Temperatur reduzieren und die Sauce ohne Deckel eine halbe Stunde köcheln lassen.

Für 4–6 Personen
100 g Olivenöl
½ Zwiebel
1 Stange Sellerie
½ Möhre
1–2 Knoblauchzehen, fein gehackt
1 kg passierte Tomaten
1 TL Tomatenmark
1 TL Zucker
1 Hand voll Basilikum, grob geschnitten
1 TL Salz
Pfeffer, grob gemahlen

CRESPELLE — *Gerollte Crêpes mit Ricotta-Spinat-Füllung und Tomatensauce*

„Crespelle" – das sind die „Gefalteten", die italienische Variante von Crêpes. Da die Crespelle eher klein sein sollten, eignet sich eine Pfanne mit 20 Zentimeter Durchmesser. Wenn man die Crespelle nicht à la minute machen will, kann man die vorbereiteten Rollen kurz vor dem Servieren in der Pfanne mit etwas Olivenöl kurz anbraten.

Zunächst wird der Teig zubereitet. Hierzu die Eigelbe in einer Schüssel mit einer Rührmaschine oder einem Schneebesen kräftig verrühren. Nach und nach das Mehl und die Milch beigeben und zu einem glatten Teig rühren. Diesen mit einer ordentlichen Prise Salz würzen und stehen lassen.

Für die Füllung den Spinat kurz blanchieren, gut abtropfen lassen und zusammen mit dem Ricotta in einer Küchenmaschine zu einer homogenen Masse verarbeiten, mit Salz und Pfeffer abschmecken. Zum Ausbacken des Teiges etwas Butter in der Pfanne erhitzen, je eine kleine Schöpfkelle Teig hinein geben, verteilen und von beiden Seiten goldgelb ausbacken. Ein bis zwei Esslöffel der Füllung auf jeden Crespelle geben und diese aufrollen. Die Crespelle auf Tellern verteilen und die warme Tomatensauce darüber geben.

Für 3–4 Personen
Teig:
3 Eigelbe
2 EL Mehl
1 ½ Tassen Milch
1 Prise Salz
Butter zum Ausbacken
Füllung:
2–3 Hand voll frischer Spinat, gewaschen und entstielt
250g Ricotta
Salz und Pfeffer
Sauce:
2 Schöpfkellen Tomatensauce Napoli
(siehe Rezept S. 97)

RAPE À LA CARMELA — *Seeteufel mit Zitronen-Pistazien-Sauce, mit Gemüse und Kartoffeln*

Das feste weiße Fleisch des Seeteufels ist nicht nur delikat, sondern auch gut zu verzehren, da es weitgehend keine Gräten enthält. Die Zitronen-Pistazien-Sauce ist eine eigenwillige und unverwechselbare Erfindung der Küchenchefin. Dazu gibt es buntes Gemüse und dünne Kartoffelscheiben, die in der Pfanne gebraten werden.

Zunächst die Kartoffeln und das Gemüse zubereiten. Die Gemüse würfeln bzw. in Scheiben schneiden und in einer Pfanne mit heißem Öl scharf anbraten. Ebenso die Kartoffen in einer anderen Pfanne. Beides salzen, pfeffern und mehrfach schwenken, bis es gar ist (das Gemüse sollte bissfest bleiben). Kurz vor Schluss die Salbei- und Rosmarin-Zweige zu den Kartoffeln geben und mitbraten. Das Gemüse mit dem Kräuteröl würzen.

In der Zwischenzeit die Sauce zubereiten. Die Butter in einer kleinen Pfanne erhitzen. Die Melone, den Estragon, den Zitronensaft sowie die Pistazien hinein geben. Schwenken und ein bis zwei Minuten einkochen. Nun die Sahne, den Safran und Angostura hinzugeben, salzen. Die Sauce köcheln lassen, bis sie etwas eingedickt ist. Auch den Fisch in heißem Olivenöl in einer Pfanne von beiden Seiten scharf anbraten, nur kurz, da er leicht zäh wird. Mit etwas Wasser ablöschen, abdecken und den Seeteufel im Dampf etwa eine Minute garen. Salzen. Zum Servieren den Fisch auf der Sauce anrichten.

Für 4 Personen
je 1 Paprika, Möhre, kleine Aubergine, kleine Zucchini
1 Hand voll Brokkoli-Röschen
4 EL Olivenöl
700g Kartoffeln, in Scheiben geschnitten
Salz und Pfeffer
je 1 Zweig Rosmarin und Salbei
1 EL Kräuteröl (siehe Rezept S. 94)
Sauce:
1 EL Butter
¼ Honigmelone, klein gehackt
½ Bund Estragon, gehackt
Saft von einer ½ Zitrone
2 EL Pistazien, gehackt
1 Becher Sahne
½ TL Safranpulver
1–2 Spritzer Angostura
Fisch:
800g Seeteufelfilets
2 EL Olivenöl, Salz

ZABAIONE — *Weinschaumcreme*

Der klassischen Rezeptur nach wird die Weinschaumcreme im Wasserbad aufgeschlagen und der Marsala dabei langsam zugegeben. Doch auch hier schert sich Carmela al Qaid nicht um Konventionen. Sie gibt sämtliche Zutaten zusammen in einen Topf und erwärmt sie auf der Flamme. Und siehe da – es funktioniert. Aufpassen muss man nur darauf, dass die Creme nicht zu heiß wird und den Siedepunkt erreicht – dann ist sie misslungen. Verfeinern lässt sich die Creme mit etwas Zitronensaft und Zimt. In jedem Fall hat man in wenigen Minuten eine süße Sünde zubereitet, die es in sich hat.

Für 4–6 Personen
5 Eigelbe
5 EL Zucker
¼–½ Glas Marsala
½ Glas trockener Weißwein
Pistazien zum Garnieren, gehackt

Alle Zutaten in einen mittelgroßen Topf geben und auf dem Herd bei niedriger bis mittlerer Hitze erwärmen. Mit dem Schneebesen oder dem Handrührgerät immer kräftig schlagen, bis ein luftiger zart-gelber Schaum entsteht. Das Volumen der Creme vergrößert sich dabei um ein Mehrfaches. Den Weinschaum in Schälchen gießen, mit den Pistazien garnieren und noch lauwarm servieren.

 LA FENICE

FRANZÖSISCHES MENÜ À LA

Maaschanz

HUÎTRE SUR MIROIR DE CHAMPAGNE

Austern-Champagner-Spiegel

★

ARTICHAUT AUX TROIS SAUCES

Artischocke mit Chili-Ingwer-Sauce, Vinaigrette und Roquefortsauce

CANTALOUP CHARANTAIS ET JAMBON D'AGNEAU

Cantaloup-Melone mit selbst gebeiztem Lammschinken

★

MOUCLADE DES BOUCHOLEURS

Bouchot-Muscheln mit Sahne-Curry-Sauce

★

MAGRET DE CANARD, SAUCE À LA GRENADE ET NOIX

Entenbrust auf Granatapfel-Walnuss-Sauce
mit Rosmarinkartoffeln

★

CRÊPES SOUFFLÉES

Crêpes mit Erdbeer-Eischaum-Creme

LA PLUME
SARAH BERNHARDT

BRUNO LAUFFENBURGER, „MAASCHANZ“

Tour de France am Main

Bruno Lauffenburger hätte nach den Sternen greifen können. Schon in jungen Jahren machte er in dem exklusiven Zwei-Sterne-Restaurant Faugeron in Paris seine Ausbildung. Er bediente die Monsieurs Gault und Milleau höchstpersönlich, später arbeitete er in anderen Spitzenrestaurants und Nobelhotels dieser Welt. Wer wie er bei den Besten gelernt hat, weiß, wie der Hase gebraten werden muss, um selbst einmal in die heiligen Schriften des Guide Michelin oder des Gault Milleau aufgenommen zu werden. Doch Bruno Lauffenburger hat sich gegen die Zwänge, Erwartungen und Allüren der mächtigen Gastro-kritik entschieden, die Köche zu Stars machen und sie ebenso schnell vernichten kann. Und so ist der Mann von der Atlantikküste nicht in der Steifheit der Haute Cuisine angekommen, sondern in seinem kleinen, aber feinen Restaurant Maaschanz am Frankfurter Mainufer.

„Bei uns herrscht weder Essenszwang noch Lachverbot“, sagt er. Im Maaschanz sollen Verhaltensregeln die Freude am Essen nicht erdrücken und sind Gäste auch auf nur ein Glas Wein willkommen. Frankreich mit Stil, aber ohne übertriebene Etikette. Um auch nach außen deutlich zu machen, dass es etwas legerer zugehen darf als bei manch anderem „Franzosen“, hat der Maitre seinem Restaurant den Zusatz Bistro verliehen. Sowohl Restaurant als auch Bistro français – es scheint zum Konzept zu gehören, dass es bei Bruno Lauffenburger alles doppelt gibt. Da sind die zwei Gasträume, die Gäste vor die Qual der Wahl zwischen Paris und französischem Küstenstädtchen stellen: der eine tiefrot gehalten mit Jugendstilplakaten an den Wänden, der andere in einer ausgebauten Garage, durch deren offene Front das Tageslicht ungestört hereinströmt. Und da ist die Eigenart, dass das Restaurant nicht mit einem Namen auskommt, sondern Maaschanz und Ma Chance heißt. Wie es dazu kam? Bereits im vorletzten Jahrhundert gastierte hier die Apfelweinstube „Maaschanz“, frankfurterischer Slang für die seinerzeit hier stehende Wehrschanze am Main. So war es und so blieb es auch unter dem Maitre Lauffenburger. Irgendwann aber fügte er dann noch das ähnlich klingende Ma Chance hinzu. Ein Wortspiel eben und ein wenig Nachhilfe, dass hier französische Küche geboten wird.

Diese wiederum hat nicht nur zwei Gesichter, sondern gleich zwölf. Denn neben den bewährten Klassikern, die immer auf der Karte stehen, und speziellen Angeboten wie einem „kalorienarmen Menü“ oder im Kosher-Style zubereiteten Gerichten präsentiert Lauffenburger monatlich wechselnd Köstlichkeiten aus einer anderen Region Frankreichs. Im Dezember ist es das Périgord mit seinen bäuerlichen Rezepten wie Gans mit Maronen und Rinderfilet Périgourdine, im Januar folgen Delikatessen aus der Wild- und Schinkenregion der Ardennen. So geht es von Etappe zu Etappe – Flandern, Savoyen, Provence, Bretagne –, bis im September mit Poitou und Charentes die Heimatregion von Bruno Lauffenburger an der Reihe ist: Langostinos in Curry-Pernod-Sahne oder ein Pineau des Charentes, ein Cognac mit frisch gepresstem Traubenmost. Würde man zwölf Monate lang im Maaschanz speisen und trinken – man hätte eine kulinarische Tour de France allererster Güte hinter sich gebracht.

Der Maitre ist stolz auf dieses in der Stadt einzigartige Angebot, für das er zusammen mit seiner Frau jahrelang recherchiert hat. Und gerne gibt er sein gesammeltes Wissen aus mehreren Jahrzehnten Spitzengastronomie auf seine mal kumpelhaft-herzliche, mal väterlich-strenge Art an seine jungen Köche weiter. Schließlich hat die Gastronomie auch ihm viel gegeben. Sie hat ihm aber auch einiges genommen, vor allem so manche Illusion. „Warum bin ich Gastronom geworden? Weil die Aussicht faszinierte, überall auf der Welt anheuern und außerhalb des Rhythmus der meisten leben zu können.“ Doch verführerisch, das hat die Zeit gezeigt, sei dies nur, so lange man jung und ungebunden ist. Später werde es zum Problem. Denn: „Man ist nie zuhause, wenn man es sein müsste.“ Irgendwie aber hat Bruno Lauffenburger, Vater dreier Kinder, es hinbekommen. Für all das ist er zwar nie mit einem Stern belohnt worden, dafür aber hat er sein eigenes Genuss-Universum geschaffen.

HUÎTRE SUR MIROIR DE CHAMPAGNE —

Austern-Champagner-Spiegel

Austern sind nicht jedermanns Sache, könnten es aber werden. Der Trick bei diesem Rezept: Das rohe Austernfleisch wird mit einem aromatischen Sud und aufgelöster Gelatine übergossen – die Auster wird darin fixiert. So kann man die Auster löffeln. Außerdem, so Bruno Lauffenburger, trägt der Gelatine-Sud das Aroma. Beim Kauf von Austern und Muscheln sollte man darauf achten, dass sie noch fest verschlossen sind und das Seewasser nicht ausgelaufen ist. Sesam öffne dich: Zum Öffnen der Auster ein kleines, spitzes Messer oder ein spezielles Austernmesser in das „Scharnier" an der Spitze der Auster drücken, hin und her bewegen und die Schale aufstemmen. Da Austern sehr scharfkantig sind, diese am besten mit einem Küchenhandtuch festhalten.

Für 4 Personen

80 g Jakobsmuschel-Fleisch, sehr fein geschnitten
1 Schalotte, sehr fein geschnitten
1 kleiner Schuss Cassis-Essig
1 Schuss Pernod
Salz und Pfeffer
1 Tasse Wasser
4 Austern
½ Glas Champagner
2 Blatt Gelatine, in kaltem Wasser eingeweicht
Rote Pfefferkörner, Zitronenscheiben und Thymian zum Garnieren

Das Jakobsmuschel-Fleisch und die Schalotte vermischen. Mit einem kleinen Schuss Cassis-Essig, Pernod sowie Salz und Pfeffer abschmecken, beiseite stellen. Nun sind die Austern an der Reihe: Das Wasser in einem Topf zum Sieden bringen. Die Austern hinein legen und in dem Wasserdampf zwei Minuten pochieren. Das Fleisch wird ein wenig fest, sollte insgesamt aber noch roh bleiben. Den Topf vom Herd stellen, die Austern heraus nehmen und mit einem Austernmesser öffnen. Je ein bis zwei Teelöffel Jakobsmuscheltartar in eine Ecke jeder Auster geben. Den Champagner zu dem Austernsud im Topf gießen und beides zusammen erwärmen (nicht zu heiß). Die eingeweichte Gelatine darin auflösen. Den Sud in die Austernschale gießen, so dass das Austernfleisch bedeckt ist, fest werden lassen. Mit rotem Pfeffer, den Zitronenscheiben und den Thymianzweigen garnieren.

ARTICHAUT AUX TROIS SAUCES —

Artischocke mit Chili-Ingwer-Sauce, Vinaigrette und Roquefortsauce

Artischocken sind eine kalorienarme und gesunde Köstlichkeit. Was man wissen sollte: Artischocken sind dann gar, wenn sich die Blätter leicht herausziehen lassen. Es gibt unzählige Saucen, die man zu diesem Gemüse essen kann. Hier drei Maaschanz-Kreationen zur Auswahl. Die Chili-Ingwer-Sauce ist übrigens jüdischer Prägung.

Den Stiel der Artischocken mit den Fäden herausreißen und die Bruchstelle glatt abschneiden. In einem großen Topf drei Liter Wasser zum Kochen bringen, Zitronensaft, Salz und Pfeffer zufügen. Die Artischocken in das sprudelnde Wasser legen (nie ins kalte, dann werden sie grau). Die Hitze reduzieren und die Artischocken 40–45 Minuten bei leicht siedendem Wasser gar köcheln.

In der Zwischenzeit die Saucen zubereiten: Für den Chili-Ingwer-Dip alle Zutaten verrühren und mit Salz und Pfeffer abschmecken. Ebenso bei der Vinaigrette, die Sauce mit der Gabel kräftig schlagen, so dass sie leicht dickflüssig wird. Für die Roquefortsauce wird zunächst eine Béchamel-Sauce hergestellt: Die Butter in einem kleinen Topf bei mittlerer Temperatur erhitzen. Sobald sie geschmolzen ist, das Mehl hinein geben und gut verrühren. Das Mehl „schwitzen" lassen. Dann nach und nach die Milch zugießen und unterrühren. Ein bis zwei Minuten kochen lassen, bis die Sauce andickt. Mit dem Muskat abschmecken. Schließlich den Käse in der warmen Sauce auflösen, noch einmal gut umrühren. Die Saucen in kleine Schälchen füllen und zusammen mit den abgetropften Artischocken servieren.

Für 4 Personen
4 Artischocken
Saft von ½ Zitrone
1 EL grobes Meersalz
1 TL schwarze Pfefferkörner

Chili-Ingwer-Sauce:
1 Rote Chili, sehr fein geschnitten
¼ rote Paprika, sehr fein geschnitten
5 EL Ingwersirup
Salz und Pfeffer

Vinaigrette:
4 EL Pflanzenöl
2 EL Weißweinwessig
1 TL Dijon-Senf
1 TL sehr fein geschnittene Schalotte
Salz und Pfeffer

Roquefortsauce:
1 EL Butter
1 EL Mehl
½ Glas Milch
1 Prise Muskat
30g Roquefort

CANTALOUP CHARANTAIS ET JAMBON D'AGNEAU — *Cantaloup-Melone mit selbst gebeiztem Lammschinken*

Wie entsteht ein Rezept? Viele haben sich in früheren Jahrhunderten herausgebildet und werden seitdem von Generation zu Generation weitergegeben. Bei anderen hat sich ein einfallsreicher Kopf Gedanken gemacht und ein Gericht bewusst kreiert. Bleibt ein dritter Weg, der nicht selten ist, häufig aber verschwiegen wird: Gerichte, die aus Zufällen und Missgeschicken geboren wurden. Im Maaschanz zum Beispiel ist eines Tages ein Lammcarrée in einer Salzbeize, in die es nur kurz eingelegt werden sollte, vergessen worden. Als es dann Tage später wieder aufgetaucht ist, war ein vorzüglicher Schinken gereift. Seitdem steht Cantaloup Charantais et Jambon D'Agneau auf der Karte des Maaschanz und erfreut sich bei Feinschmeckern größter Beliebtheit. Wie viel Lammcarrée man kaufen sollte? Ganz nach Belieben.

Für 4–6 Personen
1 Lammcarrée
500g Zucker
500g grobes Meersalz
1 EL Kräuter der Provence, getrocknet
4–5 Knoblauchzehen
2 Lorbeerblätter
1 Cantaloup-Melone

Das Lammcarrée in einem gut verschließbaren Behälter mit dem Zucker, dem Meersalz (Verhältnis 1:1), den Kräutern der Provence, Knoblauch und den Lorbeerblättern marinieren. Dann muss er für vier Tage im Kühlschrank ziehen und – voilà, fertig ist der Schinken. Den Schinken vor dem Servieren etwa eine halbe Stunde ins Eisfach legen, dann lässt er sich leichter in dünne Scheiben aufschneiden. Zum Servieren die Cantaloup-Melone in schmale Spalten schneiden und mit dem hauchdünn aufgeschnittenen Schinken belegen.

MOUCLADE DES BOUCHOLEURS — *Bouchot-Muscheln mit Sahne-Curry-Sauce*

Bouchot-Muscheln sind französische Miesmuscheln. Sie sind allerdings etwas kleiner als ihre holländischen Verwandten und haben im Verhältnis zur Schale etwas mehr Fleisch. Dass bei diesem bretonischen Muschelgericht die Sauce mit Curry verfeinert wird, ist übrigens keineswegs untpyisch für die französische Küche. In den Küstenregionen, so versichert der Maitre des Maaschanz, spielen Gewürze aus einst fernen Ländern eine große Rolle.

Für 4 Personen
1–1,5 kg Bouchot-Muscheln
½ Glas Wasser
½ Glas Weißwein
4 Zweige Thymian
Pfeffer
1 Prise Salz
Sauce:
½ Becher Sahne
1 Prise Curry
1 Schuss Pineau de Charonde (Cognac)

Zunächst werden die Muscheln pochiert. Hierzu das Wasser und den Wein in einem Topf zum Sieden bringen. Den Thymian, etwas Pfeffer, das Salz (nur eine Prise, da die Muscheln selbst salzig sind) und die Muscheln hinein geben. Deckel drauf und die Muscheln einige Minuten im Wasserdampf garen (den Topf mehrfach schütteln), bis sich die Schalen öffnen. Die Muscheln aus dem Topf nehmen, den Sud aufheben. Für die Sauce die Sahne und den Curry zu dem Muschel-Sud geben und aufkochen lassen. Unter Rühren die Sauce einkochen, bis sie sämig wird. Mit dem Cognac abschmecken. Von den Muscheln die obere Schalenhälfte abbrechen und die geöffneten Muscheln mit der offenen Seite nach oben in Tellern verteilen. Die Sauce mit einem Löffel über die Muscheln geben.

MAGRET DE CANARD, SAUCE À LA GRENADE ET NOIX — *Entenbrust auf Granatapfel-Walnuss-Sauce mit Rosmarinkartoffeln*

Bei diesem Gericht, einem der Klassiker auf der Speisekarte des Maaschanz, werden die Entenbrüste rosa gebraten und in Scheiben geschnitten serviert. Zu den Rosmarinkartoffeln passen ein Salat oder gedünstetes Gemüse als Beilage.

Das Fleisch wird zunächst in einer Marinade eingelegt. Hierzu alle Zutaten vermischen und die Marinade gut in die Entenbrüste einmassieren. Kalt stellen und einige Stunden ziehen lassen.

Da die Kartoffeln am längsten brauchen, mit diesen beginnen: Die Kartoffeln auf ein Backblech legen, Meersalz und Rosmarin darüber streuen und mit Olivenöl beträufeln. Den Backofen auf 180 bis 200 Grad heizen und die Kartoffeln darin etwa 30 Minuten goldbraun backen.

Die Entenbrüste aus der Marinade nehmen. Den Deckel mit einem scharfen Messer mit gleichmäßig kleinen Rauten oder Quadraten einschneiden, das Fett an den Seiten entfernen und die Brüste von allen Seiten pfeffern. In einer Pfanne Öl erhitzen, die Brüste von jeder Seite etwa zwei Minuten scharf anbraten. Salzen. Den Bratensaft aufheben. Dann zu den Kartoffeln in den Backofen schieben und sechs bis sieben Minuten nachbacken. Das Fleisch muss anschließend mindestens fünf Minuten ruhen, damit sich der Fleischsaft verteilen kann.

In der Zwischenzeit die Sauce zubereiten: In einem Topf mit etwas Öl die Zwiebeln glasig dünsten, die Walnüsse mitrösten. Das Ganze mit Grenadine ablöschen. Etwa eine halbe Tasse Wasser hinzufügen und die Zwiebeln so lange kochen, bis sie weich sind und das Wasser verkocht ist. Den Bratensaft zugeben und mit der Chili, Salz und Pfeffer abschmecken. Die Sauce sollte jetzt eine fast marmeladenartige Konsistenz haben. Die Sauce auf Teller verteilen, das Fleisch in ein Zentimeter dicke Scheiben schneiden und gefächert auf der Sauce anrichten. Mit den Rosmarinkartoffeln und Salat oder gedünstetem Gemüse servieren.

Für 4 Personen
4 Entenbrüste (à 140g)
Salz und Pfeffer
Öl zum Anbraten
Marinade:
10 EL Pflanzenöl
3 Lorbeerblätter
1 EL Wacholderbeeren
1 TL Kräuter der Provence
1 TL Roter-Pfeffer-Körner
Beilage:
800g Kartoffeln, gewaschen und geviertelt
1 EL grobes Meersalz
½ Bund Rosmarin, Nadeln fein gehackt
6 EL Olivenöl
Sauce:
Olivenöl
3 Gemüsezwiebeln, in Ringe geschnitten
1 Hand voll Walnusskerne, grob gehackt
¼ l Grenadine (Granatapfelsirup)
½ Tasse Wasser
½ rote Chili-Schote, fein gewürfelt
Salz und Pfeffer
½ Tasse Bratenfond
Granatapfelkerne zum Dekorieren

CRÊPES SOUFFLÉES — *Crêpes mit Erdbeer-Eischaum-Creme*

Obwohl souffler im Französischen blasen bedeutet, ist diese süße Köstlichkeit aus dem Maaschanz weit mehr als heiße Luft. Wie alle Soufflés ist auch das vom Crêpes in Schutz genommene sehr empfindlich und verträgt – wenn es nicht zusammenstürzen soll – keine Zugluft. Ergo: Beim Backen unbedingt die Ofentür zulassen!

Für 4 Personen

Soufflé-Masse:

4 Eigelbe
80g Zucker
125ml Milch
2 Fläschchen Vanillearoma
1 EL Butter
4 Eiweiß
1 Hand voll Erdbeeren, geviertelt

Crêpes-Teig:

2 Eier
2 Eigelbe
1 Tasse Mehl
1 EL Zucker
1 Prise Salz
½ Tasse Milch
Pflanzenöl zum Ausbacken

Zunächst die Soufflé-Masse herstellen, da sie abkühlen muss. Die Eigelbe und den Zucker mindestens fünf Minuten mit einem Rührgerät schaumig rühren. In einem Topf die Milch mit dem Vanillearoma erwärmen. Jetzt die Eischaummasse in die Milch geben und – unter ständigem rühren mit einem Holzlöffel – erhitzen, bis das Ei langsam fest wird und die Flüssigkeit eine cremige Konsistenz bekommt. Nun die Butter flockig einschlagen, die Masse vom Herd nehmen und erst bei Zimmertemperatur, anschließend im Kühlschrank abkühlen lassen.

Für die Crêpes alle Zutaten zu einem glatten Teig verrühren. Mit einem Küchenpapier eine tellergroße Pfanne mit Pflanzenöl einstreichen. Die Pfanne bei kleiner bis mittlerer Temperatur erhitzen. Für jeden Crêpes eine kleine Schöpfkelle Teig in die Pfanne gießen und diese so wenden, dass sich der Teig gut verteilt und die Crêpes hauchdünn werden. Wenn sie auf der Unterseite leicht braun werden, wenden und die andere Seite ausbacken. Die Pfanne vor jedem Crêpes neu mit dem gefetteten Küchenpapier ausstreichen.

Nun schon mal den Ofen auf 200 Grad vorheizen. Die Eiweiße in einer Schüssel steif schlagen und im Verhältnis 2:1 (Eiweiß:Crème) unter die vorbereitete und gekühlte Creme heben. Zum Schluss noch ein paar Erdbeerstücke untermischen. In die Mitte jeden Crêpes etwas von der Soufflé-Masse geben. Die Crêpes zusammenklappen und im Backofen etwa zehn Minuten backen. Den Ofen in dieser Zeit nicht öffnen, sonst fällt das Soufflé zusammen. Die Crêpes aus dem Ofen nehmen, sobald sie an den Kanten anzubrennen drohen, und sofort servieren.

SARDISCHES MENÜ À LA

Nr. 16

KUGUZUHA CUM MURRISCEDDU

Tomaten-Rucola-Salat mit Kräutersauce

★

PULLENTA CUM SALAMINU

Polenta mit gegarten Würstchen

★

CUHIXOISI CUM SUGU DE TAMATA

Ravioli mit Kartoffelfüllung und Tomatensauce

SPAGHETTI NR.16 CUM PEZZA MOLLIA

Spaghetti mit Hackfleischsauce, Dörrfleisch, Austernpilzen und Gemüse

★

CRABITTU

Milchzicklein mit Gemüse der Saison

★

TIRAMISU

Mascarponecreme mit Espresso-Biskuites

LUIGI DESSI, „NR.16“

Sardisch satt

„Bundeskriminalamt, buona sera.“ Wie ein Grollen aus dem tiefsten Erdinneren dröhnen die Worte durch die Leitung. Gäste, die zum ersten Mal in der Nr.16 anrufen, dürfte das verwirren. Stammgäste aber wissen längst, dass in dem kleinen sardischen Restaurant von Luigi Dessi nur weniges so ist wie anderswo. Wo sonst trägt der Patrone eines angesehenen Lokals Hosenträger mit rosa Schweinchen auf den Trägern, wird beim Einschenken der Gläser die Oberflächenspannung bis zum Bersten strapaziert und macht eine Portion Nudeln eine Kleinfamilie satt? Nur in der Nr.16 gleicht ein Abendessen mit derartiger Zuverlässigkeit einem üppigen Fest, an dessen Ende die Tischdecke mit Rotweinflecken übersät, der Magen mit opulenten Köstlichkeiten gut gefüllt und spätestens nach dem abschließenden Grappa aufs Haus jegliche Nüchternheit dahin ist.

Der Grundstein für die kulinarische Karriere von Luigi Dessi wurde in seiner Jugend gelegt. Als Hirte lernte er zu melken, wie man schlachtet und Fleisch verarbeitet. Die Schule der sardischen Berge prägte fürs Leben. Später verließ er sein Dorf und suchte, wie so viele seiner Inselgenossen, sein Glück in den Fabriken des Kontinents. Zunächst als Arbeiter in Turin, später dann malochte er in den Höchster Farbwerken. Bald aber lockte wieder die Unabhängigkeit von einst. Gemeinsam mit seiner Frau Luana, die in der Frankfurter Kneipe ihrer Eltern die Gastronomie von der Pike auf gelernt hatte, übernahm er 1977 eine ehemalige Apfelweinkneipe in der Rohrbachstraße 16. Die „Nr.16“ war geboren.

Leicht war der Anfang nicht, trafen dort alteingesessene Besserwisser auf die politisch bewegten Studierenden jener Jahre – eine explosive Mischung. Doch in seiner resoluten, zupackenden Art sorgte Luigi Dessi für Ordnung. Wer einmal 700 Ziegen gehütet hat, dem geht in einem solchen Durcheinander das Herz erst richtig auf. Hinter der rauen Schale aber steckt ein großes Herz. So wurde mancher, der sich ein Abendessen nicht leisten konnte, vom Patrone durchgefüttert. Vor einigen Jahren dann sind die Dessis mit ihrem Restaurant in die Wiesenstraße umgezogen. Der Erfolg ist geblieben, die Nr.16 von heute ist bei waschechten Bornheimern ebenso beliebt wie bei Gästen mit Schlips und Sakko.

Eines der Geheimnisse der Nr.16 liegt in der Leidenschaft von Luigi Dessi: Er isst gerne. „Und wer nicht gerne isst, kann auch nicht kochen.“ Den Hang zum Deftigen sieht man dem kleinen, aber prallen Mann an, der seine rote Schürze zumeist über den kugeligen Bauch bis unter die Brust zieht. Sämtliche Gerichte, die auf der Karte stehen, hat er selbst entworfen. Kreationen mit Namen wie Kuguzuha oder Cuhixoisi haben zwar ihre Wurzeln in den Bergen und Ebenen Sardiniens, zum Blühen gebracht aber hat er sie mit Hilfe seiner Frau Luana und seiner Fantasie. Dabei legen die Dessis Wert auf exzellente Waren, wenn möglich aus Sardinien. So wie die Tomaten, die auf ihrem dortigen Grundstück jeden Sommer getrocknet werden, oder der Käse: Tief in den sardischen Bergen zieht ein Freund der Dessis jeden Tag los, melkt 40 Schafe und produziert daraus zwei tellergroße Pecorino-Laibe, die dann nach Frankfurt geflogen werden. Direktimport in Perfektion.

Für Luigi Dessi ist die Nr.16 mehr als ein Restaurant, sie ist sein zweites Zuhause. Zwischen all den Sardinienpostern, ausgestopften Jagdtrophäen, mächtigen Knoblauchranken und unzähligem Nippes hat er einen Großteil seines Lebens verbracht, einmal gar mehr als 1300 Arbeitstage am Stück. Daneben haben Luigi und Luana fünf Kinder in die Welt gesetzt, die heute zwischen Sardinien und Deutschland pendeln, so dass mindestens ein Sohn oder eine Tochter im Restaurant der Eltern helfen kann. Der Familienbetrieb läuft und läuft und läuft: In 28 Jahren wurde in der Küche und hinter der Theke der Nr.16 nie ein Mensch gesehen, der nicht auf die eine oder andere Weise mit den Dessis verbandelt ist. Es funktioniert, auch deshalb, weil Luigi Dessi so fest auf der Erde steht wie ein sardischer Berg: „Nur nicht zu viel diskutieren, sonst gibt es Chaos.“ In der Ruhe liegt wohl die Kraft.

MURRISCEDDU-SAUCE — *Kräutersauce*

Diese Sauce ist eines der Geheimnisse der Nr. 16-Küche und verleiht mehreren Gerichten eine besondere Würze. So verfeinert Luigi Dessi mit ihr zum Beispiel Gemüse und Salate oder streicht sie fingerdick auf kurz gebratenes Fleisch oder Würste. Bei den Kräutern kann man all die Sorten zusammenstellen, die gerade zu Hand sind – seien es mediterrane Kräuter wie Thymian oder Salbei, seien es deutsche Gartenkräuter wie Petersilie. Die Dessis nehmen, mehr frankfurterisch als sardisch, einfach Grüne-Soße-Kräuter. Übrigens hält sich die Sauce zugedeckt im Kühlschrank einige Tage und schmeckt auch als Brotaufstrich hervorragend.

½ Pck. Grüne-Soße-Kräuter, entstielt
1 kleine Karotte
1 rote Spitz-Paprika
1 Peperoncino (scharfe Pfefferschote)
2 Frühlingszwiebeln
2–4 Knoblauchzehen
4 getrocknete Tomaten
½ TL Salz
200 ml Olivenöl

Die Kräuter und sämtliche Gemüse grob schneiden bzw. würfeln. Mit dem Öl in eine Küchenmaschine geben und zerkleinern, so dass eine homogene Sauce entsteht. Diese sollte gröber, aber flüssiger als Pesto sein. Bei Bedarf etwas mehr Öl hinzufügen.

KUGUZUHA MIT MURRISCEDDU — *Tomaten-Rucola-Salat mit Kräutersauce*

Die Tomaten, den Rucola, die Oliven sowie das Basilikum in eine Salatschüssel geben. Den Salat mit der Murrisceddu-Sauce, Olivenöl und Balsamico Essig würzen, nach Wunsch salzen und gut durchmischen. Nun nur noch die Mozzarella-Kugeln auf dem Salat verteilen.

Für 4–6 Personen
6 Strauchtomaten, geachtelt
1–2 Bund Rucola
1 Hand voll schwarze Oliven, entsteint
1 Hand voll Basilikum, grob geschnitten
4 EL Murrisceddu-Sauce (siehe oben)
Olivenöl, Balsamico Essig, Salz
1 Pck. Mini-Mozzarella-Kugeln (125 g)

PULLENTA CUM SALAMINU — *Polenta mit gegarten Würstchen*

Polenta, in vielen Regionen der Welt eine klassische „Arme-Leute"-Speise, eignet sich als Beilage zu Fleischgerichten, aber auch als Hauptgericht: Pullenta cum Salaminu, dazu noch einen Salat, schon hat man ein vorzügliches Abendgericht. Wer es fleischlos mag, kann die Würstchen weglassen. Ohnehin sind der Fantasie bei diesem Gericht keine Grenzen gesetzt: Zum Beispiel lassen sich auch Knoblauch, Kräuter oder Käse in die Polenta einrühren. Zum Kochen verwendet man übrigens am besten einen Aluminiumtopf, da der Maisgrieß darin nicht so leicht anhängt.

Für 3–6 Personen
80g Pancetta (ungeräucherter Bauchspeck), klein gewürfelt
1 kleine Gemüsezwiebel, fein gewürfelt
1 l Wasser
oder ½ l Wasser und ½ l Milch
1 TL Salz
200g Polenta (Maisgrieß)
evtl. 1 Suppenkelle Tomatensauce (siehe unten) oder Tomatenmark
3 herzhafte gegarte Würstchen (z.B. Lammwürstchen oder Krakauer), in Scheiben geschnitten
1 Hand voll geriebener Pecorino
Basilikum zum Garnieren

Den Speck ohne Öl in einem hohen Topf auslassen. Die Zwiebeln zugeben und golden braten. Nun das Wasser zufügen und zum Kochen bringen. (Noch cremiger wird es, wenn man Milch und Wasser mischt.) Salzen. Die Polenta einrieseln lassen, dabei mit einem langstieligen Holzlöffel kräftig rühren, damit sich keine Klümpchen bilden. Um eine schönere Farbe zu erhalten, kann man zusätzlich eine Kelle Tomatensauce (siehe unten) oder einfach etwas Tomatenmark unterrühren. Hitze reduzieren und die immer fester werdende Polenta unter ständigem Rühren 15 Minuten kochen. Vorsicht: Der kochende Maisbrei kann spritzen! Die Polenta ist fertig, wenn sie sich beim Rühren von der Topfwand löst.

Die cremige Masse in flache, ofenfeste Schälchen füllen und glatt streichen. Nun die Wurstscheiben auf der Polenta verteilen und den Pecorino darüber streuen. Die Schälchen bei 150 Grad im Backofen etwa 20 Minuten backen. Vor dem Servieren mit Basilikum verzieren.

SUGU DE TAMATA — *Tomatensauce*

Eine gute Tomatensauce gehört zur sardischen Küche wie eine Insel ins Meer. Man kann die Sauce einfach zu Spaghetti essen oder mit anderen Zutaten weiterverarbeiten. Im „Menü Nr.16" wird sie zu den selbst gemachten Ravioli (siehe Rezept S.120) gereicht.

Für 4–6 Personen
4 EL Olivenöl
2–3 Knoblauchzehen, gehackt
1 große Gemüsezwiebel, grob gewürfelt
1 Kräuterstrauß aus frischem Rosmarin, Oregano, Thymian, Salbei
evtl. 1 Peperoni
2–3 Dosen passierte Tomaten à 400g
1 EL Kapern
Salz

Das Öl in einer tiefen Pfanne erhitzen. Den Knoblauch, die Zwiebel und klein geschnittenen Rosmarin darin bei mittlerer Hitze anbraten. Wer es pikant mag, fügt noch eine scharfe Peperoni hinzu. Wenn die Zwiebel golden ist, die passierten Tomaten und die Kapern beigeben, salzen. Schließlich die übrigen Kräuter grob hacken und zur Sauce geben. Diese circa eine halbe Stunde köcheln lassen. Wenn das Öl an die Oberfläche steigt, ist die Tomatensauce fertig.

CUHIXOISI CUM SUGU DE TAMATA —

Ravioli mit Kartoffelfüllung und Tomatensauce

Die Zubereitung dieser Ravioli ist etwas aufwendiger. Doch wer das aromatische Zusammenspiel von Kartoffeln, Zitrone, Ricotta und Kräutern einmal gekostet hat, weiß, dass sich die Mühe lohnt. In der Nr. 16 wird zu den Ravioli die Tomatensauce von Seite 119 gereicht. Man kann die Ravioli natürlich auch mit einer einfachen Kräuterbutter zubereiten. Hierfür ein gutes Stück Butter in einer Pfanne zerlassen, frische Kräuter (z.B. Majoran oder Salbei) darin schwenken und über die Ravioli gießen. Mit geriebenem Käse bestreuen – fertig. Übrigens: Sowohl den Teig als auch die Füllung kann man gut am Vortag zubereiten und im Kühlschrank aufbewahren.

Für die Füllung die Kartoffeln schälen und in Salzwasser gar kochen. Das Wasser abgießen und die Kartoffeln mit einem Stampfer zerdrücken, abkühlen lassen. Den Spinat klein hacken und ohne Wasser oder Öl kurz in der Pfanne dünsten. Das Öl und die Petersilie, Oregano und Thymian hinzufügen und bei mittlerer Hitze kurz schwenken. Die Pfanne vom Herd nehmen. Die Spinat-Kräuter-Mischung mit den restlichen Zutaten (etwas alten Pecorino zurück behalten) zur Kartoffelmasse geben, salzen und mit den Händen gut vermengen.

Für den Teig Safran und Salz in 150–200 ml lauwarmem Wasser auflösen. Das Mehl in eine Schüssel oder auf die Arbeitsfläche geben und in die Mitte eine Mulde drücken. Die Eigelbe und das Ei hinein geben. Das Wasser schluckweise hinzuschütten und die Masse kneten, bis ein glatter, fester Teig entsteht. Diesen mit einer Nudelmaschine oder einem Nudelholz sehr dünn ausrollen und mit einem Teigrädchen in etwa zwölf Zentimeter breite Streifen schneiden. Die Füllung mit der Hand oder Löffeln zu walnussgroßen Bällchen formen und diese in regelmäßigen Abständen auf die Streifen legen. Die Längsseiten der Streifen zusammenklappen. Den Teig und besonders die Ränder um die Bällchen festdrücken und mit dem Teigrädchen in einzelne Ravioli schneiden. Die fertigen Nudeltaschen auf eine bemehlte Fläche legen.

Kurz vor dem Servieren einen Topf mit Salzwasser zum Kochen bringen. Die Ravioli in das kochende Wasser geben, jeweils nur so viele, dass sie Platz zum Schwimmen haben. So lange ziehen lassen, bis sie nach oben treiben, dann sind sie gar. Die Tomatensauce pürieren und erwärmen. Je eine halbe Schöpfkelle Tomatensauce auf den Tellern verteilen und die Ravioli darauf legen. Auf die Ravioli noch einmal Tomatensauce geben und mit dem restlichen Pecorino bestreuen.

Für 6 Personen

Füllung:

700 g mehlig kochende Kartoffeln
2–3 Hand voll frischer Spinat, gewaschen und entstielt
1 EL Sonnenblumenöl
½ Bund glatte Petersilie, gehackt
etwas frischer Oregano und Thymian
Schale von 1 unbehandelten Zitrone, gerieben
1 Hand voll Basilikumblätter, fein geschnitten
1 Prise Muskat
1 kleine Packung Ricotta (125 g)
½ Tütchen Safran
100 g alter Pecorino, gerieben
50 g junger Pecorino, gerieben
1 Ei
Salz

Teig:

½ Tütchen Safran
1 TL Salz
150–200 ml Wasser
500 g Mehl
3 Eigelbe und 1 kleines Ei

Dazu:

Tomatensauce (siehe Rezept S. 119)

PEZZA MOLLIA — *Hackfleischsauce*

Diese Hackfleischsauce ist für sich schon ein Gedicht. Luigi Dessi verwendet sie als Basis für eine Vielzahl von Pastagerichten, etwa den legendären „Spaghetti Nr.16". Wer einen Fleischwolf hat, sollte das Fleisch in Stücken kaufen und erst die fertige Sauce durch den Fleischwolf drehen, dann schmeckt sie noch intensiver.

Das Olivenöl in einer tiefen Pfanne erhitzen und das Fleisch darin scharf anbraten. Die Hitze leicht reduzieren, die Zwiebel kurz mitrösten. Anschließend das Gemüse und den Knoblauch in die Pfanne geben und kurz weiter braten. Mit Weißwein ablöschen, dann die passierten Tomaten beigeben. Thymian und Lorbeer hinzufügen, salzen und das Ganze abgedeckt eine halbe Stunde köcheln lassen. Zum Schluss mit der Petersilie garnieren.

Für 4 Personen
3 EL Olivenöl
500g Rinder- oder Lammhackfleisch
1 große Gemüsezwiebel, 2 Karotten, 2 Stangen Sellerie, 1 rote Paprika, alles grob gewürfelt
4 getrocknete Tomaten, grob geschnitten
3 Knoblauchzehen, gehackt
½ Glas Weißwein
1 Dose passierte Tomaten (400g)
4 Zweige Thymian
2 Lorbeerblätter
Salz
Petersilie zum Garnieren, grob gehackt

SPAGHETTI NR. 16 CUM PEZZA MOLLIA — *Spaghetti mit Hackfleischsauce, Dörrfleisch, Austernpilzen und Gemüse*

Die Nudeln in Salzwasser al dente (!) kochen. Etwas Nudelwasser aufheben. Noch während die Nudeln kochen, das Öl in einer tiefen Pfanne erhitzen. Dörrfleisch, Zwiebel, Knoblauch sowie die Gemüse- und Pilzstücke darin scharf anbraten. Mit Wein ablöschen, Fleischsauce und Oliven zugeben. Damit das Ganze nicht trocken wird, etwas Nudelwasser hinzufügen. Die Spaghetti zur Sauce geben und alles gut durchmischen. Nach Geschmack salzen. Vor dem Servieren mit Pecorino, Petersilie und Basilikum bestreuen.

Für 4 Personen
400g Spaghetti
3 EL Olivenöl
100g Dörrfleisch, gewürfelt
1 Gemüsezwiebel, grob gewürfelt
2 Knoblauchzehen, gehackt
1 kleine Karotte, 1 Zucchini, 1 Aubergine, 1 rote Paprika, 100g Austernpilze, alles grob gewürfelt
1 Schuss Weißwein
2 Schöpfkellen Hackfleischsauce (siehe oben)
8 schwarze Oliven, entsteint
Salz
Pecorino zum Bestreuen, gerieben
Basilikum und glatte Petersilie zum Garnieren, gehackt

CRABITTU — *Milchzicklein mit Gemüse der Saison*

Obwohl Sardinien eine Insel ist, liegt der Schwerpunkt der traditionellen Küche nicht auf Fisch, sondern den Speisen der Bauern und Hirten im bergigen Landesinneren: Honig, Kräuter und vor allem Fleisch. Typisch sardisch soll auch bei diesem Rezept nichts vom feinen Geschmack des weißen und sehr zarten Fleisches der jungen Ziege ablenken. Ein Tipp: Um zu überprüfen, ob es gar ist, steckt Luigi Dessi ein spitzes Messer einige Sekunden tief in das Fleisch. Anschließend hält er die Messerspitze an seinen Handrücken – ist sie heiß, ist das Fleisch durch. Für die Gemüsebeilage lassen sich alle Sorten verwenden, auf die man gerade Appetit hat. Die nebenstehende Auswahl ist also nur eine von unzähligen Möglichkeiten.

Den Backofen auf maximale Temperatur vorheizen. Ein Backblech mit Öl bestreichen und die gesalzenen Fleischstücke darauf verteilen, die Rosmarinzweige hinzugeben und in den Backofen schieben. Das Fleisch etwa 45 Minuten bei höchster Stufe grillen. Damit es nicht trocken wird, sollte das Fleisch auf keinen Fall zu lange im Ofen bleiben.

Während das Fleisch gart, das Gemüse zubereiten. Zunächst die Bohnen in kochendem Salzwasser zehn Minuten blanchieren, aber nicht weich kochen. Die übrigen Gemüse grob würfeln. Nun das Olivenöl in einer großen Pfanne erhitzen. Zwiebeln, Knoblauch sowie alle Gemüse bis auf die Tomaten anbraten. Erst wenn die Gemüse angebraten sind, die Tomaten hinzufügen und alles bei geschlossenem Deckel etwas dünsten lassen, salzen. Das Gemüse sollte noch Biss haben. Zum Schluss Basilikum und Petersilie darüber streuen. Das Milchzicklein mit dem Gemüse und Weißbrot servieren.

Für 4 Personen
Pflanzenöl
1 kg Fleisch vom Milchzicklein (am besten Keule und Schulter), in Stücken
Salz
einige Zweige Rosmarin
Beilage:
300g grüne Bohnen, geputzt
5 EL Olivenöl
1 kleine Gemüsezwiebel, grob gewürfelt
2 Knoblauchzehen, gehackt
1 große Aubergine, 2 kleine Zucchini, 4 Stangen Spargel, 6 Blatt Mangold, 4 Stangen Sellerie, alles grob gewürfelt
2 Tomaten, geachtelt
Salz
Basilikum und glatte Petersilie zum Garnieren, gehackt

TIRAMISU — *Mascarponecreme mit Espresso-Biskuites*

Wahrscheinlich hat jeder schon einmal Tiramisu gegessen. Dieses Rezept aber ist etwas ganz Besonderes: Noch bevor der erste Löffel auf der Zunge zergangen ist, schwebt man auf Wolke sieben des Geschmackshimmels. Versprochen. Dazu passt übrigens hervorragend ein leicht gekühlter Mirto, ein sardischer Myrtenlikör.

Zunächst die Espressi kochen, zusammen mit einem Schuss Amaretto in eine flache Schale gießen und abkühlen lassen. Die Eier trennen. Das Eiweiß und die Hälfte des Zuckers mit einem Rührgerät steif schlagen. Die Eigelbe in einer zweiten Schüssel mit dem restlichen Zucker schaumig schlagen. Den Marsala sowie die Mascarpone einrühren, anschließend das Eiweiß unterheben. Ein Drittel der Creme in eine Schale geben, die Löffelbiskuites kurz im Espresso wenden und darauf verteilen. Die übrige Creme über die Löffelbiskuites gießen und mit dem Kakaopulver bestäuben. Einige Stunden in den Kühlschrank stellen. Wer möchte, kann jede Portion Tiramisu vor dem Servieren noch mit einem weiteren Schuss Amaretto verfeinern.

Für 4 Personen
3 starke Espressi
1 Schuss Amaretto
4 Eier
2–3 EL Zucker
1 cl Marsala all'uovo
200g Mascarpone
ca. 16 Löffelbiskuites
ungesüßtes Kakaopulver zum Bestreuen

THAILÄNDISCHES MENÜ À LA

Rama V

GUNG SCHUP PAENG TOAD

Garnelen in Kokosnussteigmantel mit süßsaurer Sauce

GIEOW TOAD GROB

Frittierte Wan Tan mit Schweinehackfleisch

★

SOM TAM THAI

Grüne Papaya-Salat mit Tomaten und Erdnüssen

PHLA GUNG

Garnelensalat mit Zitronengras und Minze

★

DTOM SOM PLA GRAPONG

Süßsaure Fischsuppe mit Ingwer und Frühlingszwiebeln

★

GAENG MAT-SA MANN NUEA

Thailändisches Rindergulasch mit Kartoffeln und Zwiebeln

GAENG KHIEOW WAHN GAI

Hühnerfleisch in grünem Curry mit Kokosmilch und thailändischen Auberginen

GAENG KUA MUH THE POH

Schweinefleisch in rotem Curry mit Kokosmilch und Wasserspinat

★

BUA LOI

Klebreismehlklößchen in süßer Kokosmilch

AREE RACKWITZ, „RAMA V“

Das Erbe des Königs

Aree Rackwitz ist in einer Welt aufgewachsen, in der der Fisch für das Abendessen noch aus dem Bach geangelt wurde und das Gemüse in Hülle und Fülle im Garten wuchs. An das Aroma aus Ayuthaya, einem Ort im Norden Thailands, erinnert sie sich noch heute. Ebenso daran, wie ihre Mutter die köstlichsten Speisen zubereitete oder der Großvater ihr die hohe Kunst des Reiskochens beibrachte. Doch das ist einige Jahre her. Inzwischen führt Aree Rackwitz das Rama V in der Innenstadt und die Zutaten, die sie in ihrer Küche verwendet, kommen nicht mehr aus dem Garten hinter dem Haus, sondern mit dem Flugzeug.

Mit dem Rama V wagte die gelernte Dolmetscherin vor sechs Jahren den Sprung ins kalte Wasser. Als ein Haus ihres Mannes, einem Frankfurter Kunsthändler, eines Tages frei stand, überredete sie ihn, darin ein thailändisches Restaurant zu eröffnen. Kurze Zeit später standen die beiden in ihrem eigenen Lokal. Sie kümmert sich seitdem um das Kulinarische, das Kaufmännische ist sein Metier. Für das Konzept stehen sie beide: keine Kompromisse. „Authentisch kochen ist unser Anliegen“, sagt Aree Rackwitz. Und das nimmt sie ernst – zu eindringlich ist die Erinnerung an den Geschmack von einst, zu groß der Wunsch, ihn wieder zu beleben. Zur Freude der Gäste. Ihnen kredenzt sie ausschließlich Originalzutaten – eine Thai-Aubergine durch eine europäische zu ersetzen, käme nicht in Frage. Scharfe Gerichte werden im Rama V so scharf wie in Bangkok serviert und passt der Sonderwunsch eines Gastes mal gar nicht zur Thai-Küche, schlägt sie eine so authentische wie verlockende Alternative vor.

Wenn die Chefin das Rama V betritt, ist sie weniger zu hören als zu spüren. Gleichwohl beobachten ihre Mitarbeiter sie genau, während sie die Augen durch den Raum, über die Tische und in die Töpfe gleiten lässt. Nachlässigkeiten entgehen Aree Rackwitz selten, laut wird sie deswegen nie. Pi Aree, wie ihre Angestellten sie respektvoll nennen, ist eine leise Autorität. Und sie prägt das Rama V, ästhetisch wie kulinarisch. Sei es die Wandverkleidung aus edlem Teakholz, das kunstvolle, in Thailand angefertigte Besteck oder die Auswahl der Speisen auf der sich stetig verändernden Karte – bis ins Detail ist das Rama V feiner und „geschmackvoller“ als viele andere Thai-Restaurants der Stadt. Um ihren Geschmackssinn zu stimulieren und die Erinnerung an die Küche ihrer Heimat aufzufrischen, reist Aree Rackwitz regelmäßig nach Thailand. Dort lässt sie sich kulinarisch verwöhnen und stöbert stundenlang in Antiquariaten nach traditionellen Kochbüchern: „Mein Mann bekommt mich kaum noch zu sehen.“ Zurück in Frankfurt packt sie ihren Koffer voller Ideen aus und probiert die neuen Gerichte mit ihren Köchen. „Die Köche kochen aus dem Bauch heraus und ich bin sozusagen ihr Kopf.“

Das Ergebnis der Teamarbeit ist eine mannigfaltige Speisekarte, auf der nicht wie so oft allein die Fleischsorten variieren, während die Saucen immer gleich bleiben. Einzig bei der Speisenfolge wird ein Zugeständnis an hiesige Essgewohnheiten gemacht: Die Unterscheidung in Vor-, Haupt- und Nachspeisen wie sie im Rama V in der Karte steht, gibt es in Thailand nicht. Suppen, Kokosmilch-Currys, Meeresfrüchte-Salate, Gemüse und Süßspeisen kommen dort gemeinsam auf den Tisch, werden in beliebiger Reihenfolge und – anders als in China oder Vietnam – mit Gabel und Löffel verspeist.

„Royal Thai Kitchen“, so der offizielle Titel für die Küche im Rama V. Auf ihn verzichtet Aree Rackwitz indes gern, wenngleich sie ihr Restaurant nach einem „Royal“ benannt hat. Rama V, um 1900 König in Thailand, führte sein Land auf sanftem Wege in die Moderne, reformierte das Bildungssystem und bewahrte den Staat erfolgreich vor der Kolonialisierung. Doch nicht nur in Punkto Strategie war der kosmopolitische Monarch, der noch heute gottgleich verehrt wird, ein Fachmann. Auf seinen Reisen lernte er die Küchen der Welt kennen und schwang, wie ein Foto im Rama V beweist, auch gern mal den Kochlöffel. Ob mit oder ohne Beweisfoto, eines ist sicher: Pi Aree sorgt dafür, dass in ihrem Reich auf jeden Fall königlich gespeist wird.

GUNG SHUP PAENG TOAD —

Garnelen in Kokosnussteigmantel mit süßsaurer Sauce

Raffinierter als mit der klassischen Mehl-Ei-Semmelbrösel-Panade, werden die Garnelen in Thailand mit Tempurateig und Kokosraspeln ummantelt, bevor sie in heißem Öl baden gehen. Die süßsaure Sauce kann man kaufen, aber auch ganz leicht selbst herstellen.

Für 4 Personen
Garnelen:
½ Tasse Tempura-Mehl
1 Tasse Wasser
12 Garnelen, geschält und längs eingeschnitten
200g Kokosraspeln
Öl zum Frittieren
Sauce:
1 Tasse Essig
1 Tasse Zucker
Sambal Olek nach Geschmack

Das Mehl mit dem Wasser zu einem glatten, flüssigen Teig verrühren. Die Garnelen darin baden, herausnehmen und in den Kokosraspeln wenden. Bei mittlerer Hitze in der Fritteuse oder einer Pfanne mit Öl goldbraun frittieren. Auf einem Küchenkrepp abtropfen lassen und möglichst frisch servieren. Für die Sauce den Essig und den Zucker vermischen und auf dem Herd zu einem dickflüssigen Sirup einkochen. Nach Geschmack mit Sambal Olek schärfen.

GIEOW TOAD GROB — *Frittierte Wan Tan mit Schweinehackfleisch*

Wan Tan – gefüllte Teigtaschen aus Reismehl – sind leicht herzustellen und vielseitig einsetz- beziehungsweise essbar: Als pikante Beilage zu Salaten, als Einlage für eine Hühnerbrühe oder als Fingerfood für das Partybuffet. Bei der Füllung sind der Fantasie kaum Grenzen gesetzt. Aree Rackwitz macht sie mit Schweine-, Hühner- oder Garnelenfleisch. Auch zu den Wan Tan wird süßsaure Sauce gereicht (siehe oben).

Für 4–6 Personen
100g Wan Tan Blätter
50g Schweinefleisch, sehr fein gehackt
Pflanzenöl zum Frittieren
Süßsaure Sauce (siehe oben)

Je einen halben Teelöffel Hackfleisch in die Mitte eines Wan Tan Blattes geben. Dieses an den Spitzen zu einem Dreieck zusammenklappen, die Kanten gut festdrücken. Die gefüllten Teigtaschen in der Fritteuse oder Pfanne etwa eine Minute frittieren. Auf einem Küchenkrepp abtropfen und zusammen mit der süßsauren Sauce servieren.

SOM TAM THAI — *Grüne Papaya-Salat mit Tomaten und Erdnüssen*

Auf die Idee, unreife Früchte in einem Salat zu verarbeiten, ist hierzulande noch kaum jemand gekommen. In Thailand ist der Salat aus den grünen Papayas indes eine Spezialität. Die Zutaten werden in einem Mörser oder ersatzweise mit einem Fleischstampfer platt gedrückt und somit optimal auf das Dressing vorbereitet. Als Beilage empfiehlt Aree Rackwitz fein geriebenes rohes Weißkraut oder klein geschnittenen Chinakohl.

Für 4 Personen
100g Schlangen- oder Keniabohnen, geputzt und in Stücke geschnitten
1 Chilischote, gehackt
2 Knoblauchzehen
2–3 EL Fischsauce
4–5 EL Limettensaft
2 EL Zucker
16 Cocktailtomaten, halbiert
2 grüne Papaya (Ma La Gor Dibb), geschält, entkernt und fein gehobelt
1 Hand voll Erdnüsse

Die Bohnen in einem Topf mit kochendem Salzwasser sieben Minuten blanchieren. Die Chili und den Knoblauch im Mörser zerdrücken. Die Bohnen zugeben und ebenfalls zerdrücken. Die Fischsauce, den Limettensaft und den Zucker unterrühren. Die Cocktailtomaten, die Papaya und zwei Drittel der Erdnüsse dazugeben und kurz stampfen. Den Salat auf einem Teller anrichten und mit ein paar ganzen Erdnüssen garnieren.

PHLA GUNG — *Garnelensalat mit Zitronengras und Minze*

In diesem Salat sorgen zahlreiche unterschiedliche Kräuter für ein virtuoses Aromenspiel. Je nach Geschmack werden die Garnelen leicht pikant oder höllisch scharf umhüllt. Thailändische Kräuter wie langen Koriander, Kaffir-Zitronenblätter und Zitronengras gibt es im Asia-Laden frisch oder getrocknet zu kaufen.

Die Chilipaste, den Limettensaft, die Fischsauce und den Zucker zu einem Dressing verrühren und nach Geschmack mit Fischsauce oder Limettensaft nachwürzen. Die Garnelen kurz blanchieren, bis sie sich orange-rosa färben – dann sind sie gar. Im vorbereiteten Dressing wenden. Die Schalotten, das Zitronengras, den Koriander, die Kaffir-Zitronenblätter und die Chili untermischen. Anrichten und mit den Minzblättern garnieren.

Für 4 Personen
Dressing:
2 TL Chilipaste
4 EL Limettensaft
4 EL Fischsauce oder helle Sojasauce
2–3 EL Zucker
Salat:
24 Garnelen, geschält
2 EL thailändische Schalotten (Hua Horm Daeng), fein gewürfelt
2 TL Zitronengras, sehr fein geschnitten
2 TL langer Koriander, gehackt
2 TL Kaffir-Zitronenblätter (Bak Ma Grud), in feine Streifen geschnitten
1 Rote Chili, sehr fein geschnitten
20 Minzblätter

DTOM SOM PLA GRAPONG —

Süßsaure Fischsuppe mit Ingwer und Frühlingszwiebeln

Diese süßsaure Suppe kann man als Vor- oder Hauptspeise genießen. Als Fisch eignet sich im Grunde jedes Weißfischfilet. Ob man die Suppe mit Gemüse- oder etwas kräftiger mit Hühnerfond ansetzt, ist nicht mehr, aber auch nicht weniger als eine Geschmacksfrage.

Zunächst die Garnelenpaste mit der Chilischote, zwei Dritteln des Ingwers und der Grachai-Wurzel im Mörser zerstoßen. Wer keinen Mörser besitzt, kann die Zutaten auch mit dem Fleischklopfer bearbeiten oder notfalls kurz im Mixer zerkleinern.

Den Fond in einem Topf zum Kochen bringen. Die Fischstücke hinein geben und etwa fünf Minuten fertig garen. Anschließend die verfeinerte Garnelenpaste, den Limettensaft, den Zucker und die Fischsauce in die Suppe rühren. Die Frühlingszwiebeln hinein geben, kurz ziehen lassen und abschmecken. Die Suppe in Schalen anrichten und mit ein paar fein geschnittenen Streifen Ingwer garnieren.

Für 4 Personen

3 EL Garnelenpaste
1–3 Chili
2–3 daumengroße Ingwerstücke, in feine Streifen geschnitten
1 Stück Grachai-Wurzel (eine Ingwerart), 2–3 cm groß
0,8 l Gemüse- oder Hühnerfond
350 g Viktoriabarschfilet, in Stücke geschnitten
Saft von 1–2 Limetten
etwa 3 TL Zucker, nach Geschmack mehr
4 EL Fischsauce, nach Geschmack mehr
2 Frühlingszwiebeln, in Stücke geschnitten
Ingwer, in Streifen geschnitten

THAILÄNDISCHE HAUPTSPEISEN

Die hierzulande übliche Unterteilung in Vor-, Haupt- und Nachspeisen ist in Thailand unbekannt. Zur dortigen Ess-Kultur gehört es, dass alle Speisen zusammen auf den Tisch kommen und gemeinsam gegessen werden. Von jedem Gericht werden deshalb auch nur kleinere Mengen zubereitet, dafür ist die Auswahl an Speisen größer. Für vier bis sechs hungrige Esser empfiehlt es sich, auf jeden Fall zwei der nachstehenden Currys zuzubereiten oder von einem Rezept die doppelte Menge zu kochen.

Die Currypasten für die Gerichte gibt es in unterschiedlichen Farben und Qualitäten. Da die eigene Herstellung sehr aufwendig ist und sich nur lohnt, wenn man große Mengen zubereitet, empfiehlt Aree Rackwitz im Asia-Laden kleine, meist in Klarsichtfolie abgepackte Mengen einzukaufen. Wichtig bei den Currygerichten ist das ausgewogene Spiel der Geschmacksrichtungen. An das perfekte Gleichgewicht von süß (Zucker), salzig (Fischsauce), scharf (Chili) und sauer (Limette, Tamarinde) nähert sich auch Aree Rackwitz durch mehrfaches Abschmecken. Alle, die auf Fleisch verzichten möchten, können es in den nachstehenden Gerichten durch Tofu ersetzen.

TAMARINDENSAUCE: Die süßsäuerliche Hülsenfrucht, auch indische Dattel genannt, bekommt man meist getrocknet im Asia-Laden. Für die Sauce ein daumengroßes Stück abschneiden und in etwas Wasser einweichen. Anschließend mit den Händen zu einer Paste vermischen und durch ein Sieb passieren – willkommener Nebeneffekt: die Tamarinden machen eine zarte Haut.

GAENG MAT-SA MANN NUEA —

Thailändisches Rindergulasch mit Kartoffeln und Zwiebeln

Thailändische Saucen-Gerichte wie das Rindergulasch bereitet man am Besten in einem Wok auf der offenen Flamme zu. Etwas weniger stilecht geht es natürlich auch mit einer tiefen Pfanne auf dem Elektroherd.

Die Kokosmilch in einem Topf erhitzen, die Currypaste dazugeben, aufkochen und ein bis zwei Minuten köcheln lassen. Das Rindfleisch, die Kartoffeln und die Zwiebel hinzugeben und kochen, bis das Fleisch gar ist. Die Erdnüsse unterrühren und mit Tamarinden-, Fischsauce und Zucker abschmecken.

Für 2–3 Personen

400–500 ml Kokosmilch
2 EL Mat-Sa-Man Currypaste
200–300 g Rindfleisch, geschnetzelt
2 mittelgr. Kartoffeln, gewürfelt, vorgekocht
1 kleine Gemüsezwiebel, grob geschnitten
2 EL Erdnüsse
3 EL Tamarindensauce (Rezept S. 133)
1 EL Fischsauce
2 EL Zucker

GAENG KHIEOW WAHN GAI —

Hühnerfleisch in grünem Curry mit Kokosmilch und thailändischen Auberginen

In Thailand gibt es viele unterschiedliche Auberginensorten: kleine runde in weiß, große dünne in violett, erbsengroße in grün. Die Gemüse hierzulande zu bekommen, ist heute kein Problem mehr. Wer trotzdem nach einer Alternative sucht, kann, so Aree Rackwitz, statt Auberginen auch Bambussprossen aus der Dose verwenden.

Die Currypaste in etwas Pflanzenöl anbraten. Mit der Kokosmilch ablöschen und aufkochen. Nun das Hühnchen, den Zucker und die Fischsauce zugeben und etwa fünf Minuten garen. Anschließend die Auberginen, die Kaffir-Limettenblätter, Chili und Basilikum unterrühren und weiterköcheln bis Fleisch und Gemüse gar sind. Nach Bedarf mit Zucker und Fischsauce abschmecken und servieren.

Für 2–3 Personen

2 EL grüne Currypaste
Pflanzenöl
400–500 ml Kokosmilch
200–300 g Hühnerbrust, in Streifen geschnitten
2 EL Zucker
2 EL Fischsauce
4–8 Thailändische Auberginen (weiß), geachtelt
4 Kaffir-Limettenblätter (Bak Ma Grud), in feine Streifen geschnitten
je 1 Grüne und Rote Chili, gehackt
10 Blätter Thai-Basilikum

GAENG KUA MUH THE POH —

Schweinefleisch in rotem Curry mit Kokosmilch und Wasserspinat

Wasserspinat – lange grüne Stile, an deren Enden ein paar zarte Blätter wachsen. In Thailand werden zum Kochen nur die Stängel verwendet, essen kann man aber auch die Blätter, die sich besonders gut als Dekoration eignen.

Die Currypaste in etwas Pflanzenöl anbraten. Mit der Kokosmilch ablöschen und aufkochen. Das Schweinefleisch zugeben und etwa fünf Minuten garen. Den Wasserspinat, den Zucker, die Fisch- und die Tamarindensauce zugeben und einige Minuten weiter köcheln. Wenn das Fleisch gar ist, mit Zucker, Tamarinden- oder Fischsauce abschmecken.

Für 2–3 Personen

2 EL rote Currypaste
Pflanzenöl
400–500 ml Kokosmilch
200–300 g Schweinefleisch, geschnetzelt
5 Stangen Wasserspinat (Pak Bung Thai), in 3 cm lange Stücke geschnitten
2 EL Zucker
2 EL Fischsauce
4 EL Tamarindensauce (Rezept siehe S. 133)

BUA LOI — *Klebreismehlklößchen in süßer Kokosmilch*

Diese originelle thailändische Süßspeise erfordert etwas Vorbereitung, da die Farbstoffe – grün, gelb, hellgrau – für die weichen, klebrigen Klößchen selbst hergestellt werden. Man kann den Teig auch nur mit Wasser anrühren, dann hat man Zeit gespart, aber das Auge isst ja schließlich mit.

Für die grünen Bällchen die Pandanus-Blätter mit etwas Wasser in den Mixer geben. Die Masse herausnehmen und über einer Schale auspressen. Den Saft aufheben. Für die gelben Bällchen ein Stück Kürbis, für die graublauen ein Stück Taro in einem Topf mit Salzwasser weich kochen.

Je ein Drittel des Klebreismehls mit dem Pandanus-Saft beziehungsweise dem gegarten Gemüse zu drei verschieden farbigen Teigen verkneten. Nach Bedarf Wasser hinzufügen. Aus dem Teig murmelgroße Bällchen formen und diese in Wasser garen. Die Klebreisbällchen sind fertig, wenn sie an die Wasseroberfläche schwimmen.

Nun in einem Topf die Kokosmilch aufkochen, nach Geschmack mit Zucker süßen und dem Salz abschmecken. Die Bällchen einige Minuten darin ziehen lassen und servieren.

Für 4–6 Personen
2 Pandanus-Blätter
1 Stück Kürbis, 5 cm groß
1 Stück Taro-Wurzel (stärkehaltiges Knollengemüse), 5 cm groß
150 g Klebreismehl (Paeng Khao Nieow)
800 ml Kokosmilch
2–3 EL Zucker
1 Prise Salz

KETANMEEL
KLEBREISMEHL

PERSISCHES MENÜ À LA

Schandis

MAST-KHIAR

Joghurt mit Gurke und Minze

DOLMEH

Gefüllte Weinblätter

SALAT OLVIEH

Kartoffel-Hühnerfleischsalat

KASHKE-BADEMJAN

Auberginencreme

★

GHORMEH-SABSI

Kräuter-Saucengericht mit Lamm und Limetten

★

DJUDJE KABAB SHISHLIK

Hähnchen-Schaschlik-Spieße

TSCHELO KABAB SHISHLIK

Lammfilet-Schaschlik-Spieße

KABAB BA NAN

Feingewürzte Hackfleischspieße

mit

BASMATI-REIS,
SERESHK-POLO UND BAGHALI-POLO

Reis in drei Farben

★

SHOLEZARD

Süßer Safranreis

HALVA

Süße Mehlspeise mit Zuckersirup

MONIR MOKHBERI, „SCHANDIS“

Safran, Reis und Rendezvous

Es gibt Köche, die schätzen ihren Beruf gerade deshalb, weil sie ihn in abgewetztem T-Shirt und Jogginghose erledigen können. Bei Monir Mokhberi ist das anders. Wenn die Chefin des Schandis jeden Morgen kurz nach sieben Uhr loslegt, Safranfäden zu mahlen, Auberginen zu braten und Lammrückenfilets zu marinieren, trägt sie Schmuck an den Händen und um den Hals. Sie ist geschminkt und so adrett gekleidet, als bereite sie sich auf ein Rendezvous vor. „Meine Angestellten fragen oft, ob ich mich für die Töpfe schön mache. Aber für mich hat Kochen etwas mit Respekt und Liebe zu tun.“

Der Weg hierher war weit. Die ersten 30 Jahre ihres Lebens verbrachte Monir Mokhberi in ihrer Geburtsstadt Teheran. Hier war sie vor allem Mutter, Haus- und Ehefrau, die ihrem Mann nebenbei noch etwas im Büro zur Hand ging. Ein geordnetes Leben, eine klassische Rolle. Als sie Ende der Achtzigerjahre nach Deutschland ging, war die Zeit reif für neue Aufgaben. Doch das Ankommen dauerte. Immer wieder verbrachte sie Stunden bei den Behörden, um einen dauerhaften Aufenthalt zu erlangen. Sie arbeitete bei der Post, kaufte eine Taxikonzession und machte mehrere Jobs gleichzeitig. Vollzeit extrem.

Ihre Leidenschaft hat sie dennoch nie aus den Augen verloren. „Jeder Mensch hat eben ein Talent. Bei mir ist es das Kochen.“ Wahrscheinlich gab es nur wenige Tage in ihrem Leben, an denen sie keinen Herd aus nächster Nähe gesehen hat. Bereits als Kind schaute sie ihrer Mutter in die Töpfe und entlockte ihr die Geheimnisse der traditionellen Küche Persiens. Später, selbst dreifache Mutter, versorgte sie ihre Söhne jeden Tag mit frischen Leckereien. Denn gesunde Nahrung sei wichtig. Kein Wunder, dass ausgerechnet die sie dazu angestiftet haben, ein Restaurant zu eröffnen. Denn wer könnte ihre Kochkunst besser einschätzen als Hessam, Hossein und Ali?

Vor sechs Jahren war es dann soweit. Die Iranerin machte ihre Liebe zum Beruf und eröffnete ihr eigenes Restaurant mit persischen Spezialitäten. Das Schandis war für Monir Mokhberi aber weit mehr als nur ein beruflicher Neuanfang. Es war auch ein Weg, ihre Söhne bei sich zu behalten. „Es hat mir Sorgen bereitet, dass die drei woanders hin gehen könnten.“ Mit dem Restaurant und der 2003 im Nebengebäude eröffneten Bar „Schischandis“ fallen genug Aufgaben an, die den Familienrat auf Trapp und damit zusammen halten. Um Hessam, Hossein und Ali die Gastronomie schmackhaft zu machen und sie zu motivieren, hat sie sich immer wieder etwas einfallen lassen. Wenn zum Beispiel einer der drei in der Küche arbeiten musste, hat sie ihm seine Lieblings-CD eingelegt oder seine Leibspeise zubereitet. Wirksame Muttertricks.

Monir Mokhberi geht in ihrer neuen Rolle der Selfmadefrau auf. Und wie bei allem, wofür sie sich einmal entschieden hat, ist sie mit Verve dabei. Kein Eckchen im Restaurant, das sie nicht im Blick hätte, keine Aufgabe, die sie nicht selbst in die Hand nimmt: Sie führt das Regiment in der Küche, verhandelt mit den Lieferanten, weist das Personal ein, umsorgt die Gäste und gießt die Blumen. Kochen aus Passion oder als Mission. Jedenfalls ohne Unterlass. Erst schaffte sie den Ruhetag ab, dann erweiterte sie den Restaurant- um einen Barbetrieb, schließlich richtete sie einen Mittagstisch ein. Die Folge: Die 51-Jährige arbeitet von morgens bis abends, von Montag bis Sonntag. Urlaub? „Ich gehe regelmäßig in den Park. Das reicht mir.“

Mehr ist wahrscheinlich nicht drin, wenn man in jedem Detail nach Perfektion strebt und beim Anspruch auf frisch zubereitete Gerichte keine Kompromisse machen will. So wechseln im Schandis die Saucengerichte auf der Karte täglich. Freitags zum Beispiel gibt es ein fein gewürztes Linsengericht, samstags ein Hähnchen mit einer Sauce aus geriebenen Walnüssen und Granatäpfeln. Und zu besonderen Anlässen zaubert Monir Mokhberi auch mal eine mehrstöckige Reistorte in bunten Farben. Ein staunender Blick der beglückten Gäste, dann ist auch sie zufrieden. Vorläufig jedenfalls. Denn in der Küche warten Töpfe und Pfanne. Liebende kann man eben nicht aufhalten.

MAST-KHIAR — *Joghurt mit Gurke und Minze*

Frischer Joghurt ist ein Klassiker der persischen Küche. Mit Wasser verdünnt und Minze gewürzt wird er zum Erfrischungsgetränk „Dough", Hühnerfleisch dient er als Marinade, als trockener und sauer vergorener „Kashk" gibt er zum Beispiel Auberginensalat eine herbe Note. Vor allem aber wird Joghurt mit Kräutern als Vorspeise gegessen: mit kurz blanchiertem und klein geschnittenem Spinat, mit Bärlauch oder wie hier mit Minze. Wichtig bei den verschiedenen Varianten: Der Joghurt sollte 3,5 Prozent Fettgehalt haben. Mindestens.

Für 4 Personen
1 Salatgurke
1 EL getrocknete Nana-Minze
Salz und Pfeffer
500g Joghurt
evtl. 2 EL gemahlene Walnüsse
und 2 EL Rosinen

Die Gurke schälen und mit einer Reibe fein raspeln. Wasser abgießen. Mit der Minze, Salz und Pfeffer unter den Joghurt rühren. Verfeinern lässt sich das Ganze noch, indem man gemahlene Walnüsse und Rosinen beimischt.

DOLMEH — *Gefüllte Weinblätter*

Die Weinblätter zu rollen erfordert etwas Fingerfertigkeit. Aber keine Sorge: Mit jedem Blatt geht es leichter. Eingelegte Weinblätter kauft man in griechischen, türkischen, arabischen und persischen Lebensmittelgeschäften. Wer ein wenig experimentieren will, kann noch Mandelstifte oder klein geschnittene Sultaninen in die Füllung geben.

Für 6 Personen
200g Basmati-Reis (siehe Rezept S. 146)
2 EL Sonnenblumenöl
1 kleine Zwiebel, fein gewürfelt
½ Bund glatte Petersilie, fein gehackt
½ TL Kurkuma
Salz und Pfeffer
1 Dose Weinblätter (ca. 450g)

Den Reis nach dem Grundrezept (siehe S. 146) kochen. Das Öl in einer großen Pfanne erhitzen und die Zwiebel darin bei mittlerer Temperatur goldbraun braten. Nun den Reis, die Petersilie und die Gewürze zu der Zwiebel geben und alles gut vermischen. Als nächstes die Weinblätter mit kaltem Wasser abwaschen, einzelne Schichten auseinander nehmen und in einem Sieb abtropfen lassen. Die Stiele abschneiden und die Blätter mit der glatten Seite nach unten auf die Arbeitsfläche legen. Auf jedes Blatt ein bis zwei Teelöffel der Reismasse geben. Erst die breite Seite, dann die beiden Seiten rechts und links über die Füllung schlagen und zur Blattspitze hin aufrollen. Einen Topf mit Weinblättern auslegen, die gefüllten Blätter eng aneinander hineinlegen, eine halbe Tasse Wasser oder Brühe dazugeben, mit einem Teller beschweren. Deckel auf den Topf und bei niedrigster Temperatur etwas 30 Minuten ziehen lassen.

SALAT OLVIEH — *Kartoffel-Hühnerfleischsalat*

Auch im Iran gibt es Kartoffelsalat. Im Unterschied zu typisch deutschen Varianten werden die Zutaten hier allerdings sehr fein gerieben, so dass ein eher cremiger Salat entsteht.

Für 6–8 Personen
1 kg Kartoffeln
400g Hühnerbrust
4 Eier, hart gekocht
20–30 kleine persische Salzgurken
150–200g Mayonnaise
Salz und Pfeffer

Die Kartoffeln ungeschält gar kochen, anschließend pellen. Sobald sie abgekühlt sind, fein reiben. Parallel dazu die Hühnerbrust in Salzwasser etwa 15 Minuten garen, dann aus dem Wasser nehmen. Das Fleisch ebenfalls abkühlen lassen und mit den Händen möglichst in einzelne Fasern reißen – dabei nicht die Geduld verlieren, es dauert eine Weile. Nun die Eier und die Salzgurken fein reiben. Die Gurkenraspeln in ein Geschirrtuch geben und das Wasser kräftig heraus drücken, damit der Salat nicht zu feucht wird. Alle Zutaten in eine Schüssel geben und mit den Händen gut durchkneten. Nach Geschmack löffelweise Mayonnaise hinzugeben und unterrühren. Den Salat mit Salz und Pfeffer abschmecken, kalt stellen und ziehen lassen. Monir Mokhberi serviert Salat Olvieh in kleinen Kugeln, die sie mit einem Eisportionierer aussticht.

KASHKE-BADEMJAN — *Auberginencreme*

Da die Auberginen für Kashke-Bademjan zunächst gebraten und anschließend im Ofen geschmort werden, schmeckt diese musartige Creme besonders würzig. Zum Servieren gibt Monir Mokhberi die Auberginenmasse in eine Schale, streicht sie glatt und verziert sie aufwendig: Hierzu verteilt sie auf der Paste zunächst eine dünne Schicht Kashk, den sie mit etwas Wasser angerührt hat. Im nächsten Schritt „malt" sie mit flüssiger Minzsauce eine Spirale in den Joghurt und zieht mit einem Zahnstocher Linien von der Mitte der Spirale nach außen – schon hat sie eine wunderschön dekorierte Vorspeise gezaubert. Vorsicht: Kashk schmeckt sehr streng. Wer das nicht mag, kann ihn auch weglassen und stattdessen fein geschnittene Minze über die Auberginen streuen.

Für 4 Personen
3 mittelgroße Auberginen
4–5 EL Sonnenblumenöl
Salz
2–3 Zehen Knoblauch, gehackt
evtl. Kashk (trockener iranischer Schafsjoghurt) und Minzsauce

Die Auberginen der Länge nach achteln. In einer Pfanne das Öl erhitzen und die Auberginen darin bei geschlossenem Deckel braten, dabei mehrfach wenden. Sobald sie weich sind, salzen und zusammen mit dem Knoblauch in eine feuerfeste Form geben. So viel Wasser zufügen, dass der Boden der Form gerade bedeckt ist (etwa ½ Tasse). Im Ofen bei 150 Grad 30 Minuten schmoren. Anschließend die Masse mit einem Löffel gut durchrühren und die Auberginenstücke mit dem Löffel so zerdrücken, dass eine breiartige Masse entsteht.

GHORMEH-SABSI — *Kräuter-Saucengericht mit Lamm und Limetten*

Ghormeh-Sabsi schmeckt herrlich frisch und säuerlich. Die getrockneten Limetten und die Mischung getrockneter Kräuter, in der Bockshornklee hervorsticht, für dieses traditionelle Gericht gibt es in persischen Geschäften zu kaufen. Natürlich kann man auch frische Kräuter verwenden. Monir Mokhberi mischt meistens getrocknete mit frischen Kräutern wie Dill und Petersilie sowie Spinat. Das Lamm lässt sich problemlos durch Kartoffeln ersetzen. Dadurch verringert sich übrigens auch die Kochzeit. Zu dem Gericht Basmati-Reis (siehe S. 146) servieren.

Für 4 Personen
5 EL Öl
500g Lammrücken, gewürfelt
2 mittelgroße Zwiebeln, gewürfelt
60g Kräutermischung Ghormeh-Sabsi
evtl. 1 Hand voll frischer Spinat und
je 1 Bund Dill und Petersilie, fein gehackt
1 Dose Kidney-Bohnen
4–6 getrocknete Limetten
Salz und Pfeffer

Das Öl in der Pfanne erhitzen. Das Fleisch und die Zwiebeln darin scharf anbraten. Die getrockneten Kräuter kurz in Wasser einweichen, zu dem Fleisch geben und ebenfalls mit anbraten. Falls auch frische Kräuter verwendet werden, diese ebenfalls hinzufügen. Nun alles mit drei Tassen Wasser ablöschen und zum Kochen bringen. Die Bohnen abgießen und die Limetten mehrfach mit einem Messer einstechen. Beides in die Pfanne geben, mit Salz und Pfeffer abschmecken. Die Fleisch-Kräutersauce bei geschlossenem Deckel und niedriger Temperatur etwa eineinhalb Stunden köcheln lassen, bis das Fleisch butterzart ist.

KABABS — *Grillspezialitäten*

Für diese Gerichte werden ca. 35 Zentimeter lange und mindestens ein Zentimeter breite Metall-Spieße verwendet. Man kann auch gewöhnliche Schaschlick-Spieße nehmen, bei dem Hackfleischspieß das Fleisch fest andrücken, sonst fällt es leicht ab. Am besten schmecken die Spieße, wenn sie auf der Glut eines Holzkohlegrills gar werden, natürlich funktioniert aber auch ein Elektrogrill. Ob Feuer oder Strom – in jedem Fall die Spieße acht bis zehn Minuten auf den heißen Grill legen, dabei mehrfach wenden. Wenn das Fleisch gar ist, die Spieße vom Grill herunternehmen und auf einer Platte ablegen. Das Fleisch mit einem Stück Brot oder einem Tuch festhalten und behutsam die Metallspieße herausziehen. Sofort servieren.

DJUDJE KABAB SHISHLIK — *Hähnchen-Schaschlik-Spieße*

Den Joghurt, das Safranwasser, die geriebene Zwiebel, die Zitronenschale und das Salz vermischen. Die Hähnchenstücke gut mit dieser Marinade einreiben und in einer geschlossener Schüssel sechs Stunden ziehen lassen. Die Fleischstücke abwechselnd mit den geviertelten Zwiebeln, den Paprika sowie den Peperoni auf die Spieße stecken und grillen.

Für 2–3 Personen
200g Joghurt
1 EL Safranwasser (siehe Rezept S. 147)
1 EL geriebene Zwiebel
Schale von 1 Zitrone, gerieben
1 Prise Salz
3 Hähnchenbrüste,
in große Würfel geschnitten
2 mittelgroße Zwiebeln, geviertelt
2 rote Paprika, geachtelt
4–6 kleine grüne Peperoni

TSCHELO KABAB SHISHLIK — *Lammfilet-Schaschlik-Spieße*

Aus der geriebenen Zwiebel, dem Olivenöl, Salz und Pfeffer eine Marinade herstellen. Diese kräftig in das Fleisch einmassieren und mehrere Stunden ziehen lassen. Dann das Fleisch abwechselnd mit den übrigen Zutaten auf die Spieße stecken und grillen.

Für 2–3 Personen
1 EL geriebene Zwiebel
3 EL Olivenöl
1 Prise Salz
Pfeffer
500g Lammfilet,
in große Würfel geschnitten
2 mittelgroße Zwiebeln, geviertelt
2 rote Paprika, geachtelt
4–6 kleine grüne Peperoni

KABAB BA NAN — *Feingewürzte Hackfleischspieße*

Alle Zutaten vermischen und gut durcharbeiten. Sofern ein Fleischwolf vorhanden ist, die Masse danach noch einmal durch die feinste Scheibe drehen. 30 Minuten in zugedeckter Schüssel kalt stellen. Die Masse in gleich große Portionen teilen. Die Spieße mit einer Hand senkrecht halten und mit der anderen das Fleisch von unten nach oben festdrücken. Falls das Fleisch an den Händen klebt, diese befeuchten. Die Spieße gar grillen und vor dem Servieren noch mit etwas Butter bestreichen. Wer mag, kann sie noch mit Sumagh bestreuen, einem dunkelroten, leicht säuerlich schmeckenden persischen Pulver.

Für 2–3 Personen
750g Lammhackfleisch,
sehr fein durchgedreht
1–2 Zwiebeln, fein gerieben
Salz und Pfeffer
Butter zum Bestreichen
evtl. etwas Sumagh-Pulver
(gibt es in persischen Geschäften)

REIS IN DREI FARBEN

Es gibt nur wenige persische Hauptgerichte, die nicht mit Reis gegessen werden. Aufgrund der riesigen Nachfrage muss das Grundnahrungsmittel im Iran längst importiert werden. Reis wird nicht nur als Beilage zu Fleisch gereicht. Vielmehr gibt es eine Vielzahl reichhaltiger und kreativer Reisgerichte. Als Beilage serviert Monir Mokhberi neben der klassisch „weißen" Variante zwei weitere farbenprächtige Reis-Kreationen: zum einen gelb-rot mit Safran und den säuerlichen Berberitzen-Beeren, zum zweiten grün mit Baghali-Bohnen und Dillspitzen.

BASMATI-REIS — *Grundrezept*

Für 4–6 Personen
300g Basmati-Reis
Salz
1 EL Butter

Den Reis zwei bis drei Mal waschen, dann mindestens eine Stunde in Salzwasser einweichen. Hierdurch wird der Reis locker und klebt nicht. Nun einen Topf mit Wasser (Verhältnis Wasser und Reis 2:1) zum Kochen bringen. Den eingeweichten Reis abgießen und in das kochende Wasser geben. Etwa zehn Minuten kochen, die Körner sollten auf jeden Fall noch bissfest sein. Falls sich noch Restwasser im Topf befindet, dieses abschütten. Die Butter hinzugeben und den Reis im Topf weitere 15 bis 20 Minuten dämpfen – zu Beginn bei starker Hitze, dann aber bei niedrigster Temperatur. Hierzu ein Küchentuch zwischen Deckel und Topf klemmen, das den Wasserdampf aufnimmt. Damit der Dampf gut entweichen kann, mit dem Stil eines Holzlöffels einige Löcher in den Reis stechen. Und keine Sorge, falls der Reis am Topfboden knusprig wird. Diese Kruste, der „tah dig", schmeckt hervorragend und wird im Iran gerne als Vorspeise gereicht.

SERESHK-POLO — *Safran-Reis mit Berberitzen*

Im Schandis werden zahlreiche Gerichte mit Safran, dem teuersten aller Gewürze, verfeinert oder gefärbt. Die Blütennarben von Krokussen sind als Pulver oder in Fäden erhältlich. Beim Kauf sind Fäden zu bevorzugen, da gemahlener Safran schneller an Aroma verliert. Das Gewürz ist außerordentlich intensiv. Mit einem Döschen à zwei Gramm Safranfäden ist man für ein opulentes persisches Menü bestens versorgt.

SAFRANWASSER: Monir Mokhberi mahlt die Safranfäden im Mörser oder einer kleinen Mühle mit etwas Zucker fein und gibt das Pulver in ein verschließbares Glas. Dann gießt sie etwa eine halbe Tasse kochendes Wasser über das Pulver und verrührt das Ganze. Auf diese Weise lässt sich das Gewürz einige Tage lagern und beim Kochen gut dosieren.

Die Berberitzen vier bis fünf Mal gut waschen, einige Minuten in kaltem Wasser einweichen und im Sieb gut abtropfen lassen. Das Sonnenblumenöl und den Puderzucker zu den Beeren geben und gut vermischen – auf diese Weise halten sich die Beeren im Kühlschrank eine Woche. Gleichzeitig den Reis nach dem Grundrezept kochen. Das Safranwasser mit einem Schuss Rosenwasser parfümieren, an den Reis geben und gut vermischen, bis sich die intensive gelbe Farbe gut verteilt hat. Den Reis mit ein paar Butterflöckchen verfeinern. Vor dem Servieren das Butterschmalz in einer Pfanne schmelzen und die Berberitzen darin vorsichtig erwärmen. Die Temperatur sollte möglichst niedrig sein, da die Berberitzen leicht anbrennen und dann bitter schmecken. Die warmen Beeren über den Reis streuen.

Für 4–6 Personen
1 Hand voll Berberitzen
1 EL Sonnenblumenöl
2 EL Puderzucker
300g Basmati-Reis
(siehe Grundrezept S. 146)
1–2 EL Safranwasser
1 Schuss Rosenwasser
30g Butter
1 EL Butterschmalz

BAGHALI-POLO — *Dill-Reis*

Baghali-Bohnen sind spezielle persische Bohnen, die es getrocknet im Fachhandel gibt. Alternativ kann man auch gekochte dicke Bohnen aus dem Glas nehmen. Die müssen allerdings geschält werden.

Den Reis nach Grundrezept kochen. Die Baghali-Bohnen gut abspülen und etwa 30 Minuten weich kochen. Anschließend Kurkuma, den fein gehackten Dill und die halbierten Bohnen unter den Reis mischen. Eventuell noch mit Salz abschmecken.

Für 4–6 Personen
300g Basmati-Reis, gekocht (siehe Grundrezept S. 146)
125g Baghali-Bohnen oder dicke Bohnen
1 TL Kurkuma
2 Bund Dill, fein gehackt (oder 4 EL getrocknete Dillspitzen)
Salz

SHOLEZARD — *Süßer Safranreis*

Für 4–6 Personen
150g Basmati-Reis
Salz
60g Butter
100g Zucker
3–5 EL Rosenwasser
40g Mandelstifte
½ TL Safran, gemahlen
etwas Zimt
1 Hand voll Pistazienkerne, gehackt

Gesüßter Safranreis ist eine einfach herzustellende Köstlichkeit, die man warm und kalt essen kann. Von dem Rosenwasser kann man je nach Wunsch mehr oder weniger verwenden. Traditionell werden im Iran zum Dessert noch Datteln und Schwarztee gereicht.

Den Reis in Wasser einweichen und etwa eine Stunde quellen lassen. Abgießen, dann mit der drei- bis vierfachen Menge Wasser, einer Prise Salz und der Butter zum Kochen bringen. Zehn Minuten kochen lassen. Die Temperatur reduzieren, den Zucker, die Mandeln, das Rosenwasser und den gemahlenen Safran zufügen. 30 Minuten bei niedrigster Temperatur ziehen lassen, dabei gelegentlich umrühren. Falls die Flüssigkeit aufgesogen ist, noch Wasser nachgießen, die Masse sollte immer gut feucht sein. Zum Servieren den Reis in Schälchen geben, mit Zimt und den gehackten Pistazienkernen verzieren.

HALVA — *Süße Mehlspeise mit Zuckersirup*

Für 6–8 Personen
3 EL Safranwasser (siehe Rezept S. 147)
1 Tasse Wasser
200g Zucker
3–4 EL Rosenwasser
150g Butter
300g Weizenmehl
gehackte Pistazien oder
Mandelstifte zum Garnieren

Halva ist eine typisch orientalische Vorspeise. Während Halva aus Sesam bekanntesten ist, verwendet Monir Mokhberi eine Mischung aus Mehl und Butter, die sie mit einem selbstgemachten Sirup aromatisiert. Im Stress sollte man Halva nicht zubereiten, denn die süße Sünde braucht etwas Zeit. Anrichten kann man das Dessert auf unterschiedlichste Art und Weise. Eine von Monir Mokhberis 1001 Halva-Varianten sind kleine Rosen, die sie mit einer Spritztüte formt und anschließend mit Pistazien oder Mandeln garniert.

Zunächst das Safranwasser zusammen mit dem Zucker und dem Rosenwasser in einen Topf geben und erhitzen. So lange kochen, dabei immer rühren, bis ein dickflüssiger Sirup entsteht.

In einem zweiten, großen Topf die Butter vorsichtig schmelzen und das Mehl einrühren. Das Mehl unter ständigem Rühren und bei kleiner Hitze etwa eine Stunde langsam rösten, bis eine goldbraune und homogene Masse entsteht. Sie sollte nicht zu flüssig, aber auch nicht krümelig werden, je nachdem also noch etwas Butter oder Mehl zugeben. Dann den Sirup hinzu gießen und gut unterrühren. Damit die Masse abkühlt, den Topf kräftig hin und her schütteln, bis sich die Masse vom Topfrand löst. In eine Schale stürzen, glatt streichen und garnieren.

VORSPEISEN

VEGETARISCH

FISCH

FLEISCH

SUPPEN

SAUCEN, DRESSINGS

SALATE

REZEPTREGISTER

Essen kochen

HAUPTSPEISEN

VEGETARISCH

FISCH

FLEISCH

BEILAGEN

NACHSPEISEN

Essen gehen

ALEXIS SORBAS — *Niederrad, Güntherstr. 42a, Tel. 67 24 62, www.alexis-sorbas-restaurant.de*

ANDALUCIA — *Bockenheim, Konrad-Broßwitz-Str. 41, Tel. 77 37 30, www.restaurante-andalucia.de*

BLUMEN — *Nordend, Rotlintstr. 60, Tel. 49 08 65 10*

ESSZIMMER — *Westend, Grüneburgweg 89, Tel. 71 91 40 39, www.esszimmer-frankfurt.de*

FEUERRÄDCHEN — *Sachsenhausen, Textorstr. 24, Tel. 66 57 59 99*

GRÖSSENWAHN — *Nordend, Lenaustr. 97, Tel. 59 93 56, www.cafe-groessenwahn.de*

INDIGO — *Bahnhofsviertel, Taunusstr. 17, Tel. 23 39 83, www.in-indigo.com*

LA FENICE — *Rödelheim, Hausener Weg 21, Tel. 78 39 31*

MAASCHANZ — *Sachsenhausen, Färberstr. 75, Tel. 62 28 86, www.maaschanz.de*

NR.16 — *Bornheim, Wiesenstr. 52, Tel. 46 45 91*

RAMA V — *Innenstadt, Vilbeler Str. 32, Tel. 21 99 64 88*

SCHANDIS — *Nordend, Nordendstr. 2, Tel. 55 73 37, www.schandis.de*

DAS KÜCHEN-TEAM

Es bitten zu Tisch

KIM HANNAH HÖRBE — *Lektorin und Mediengestalterin*

Jg. 1973. Hat in Buchhandlungen und Verlagen in Köln, Frankfurt und Berlin gearbeitet. Studierte in Frankfurt Philosophie und Soziologie und gab die Zeitschrift DISKUS mit heraus. Lebt in Berlin, forscht in den Bereichen Freundschaftliche Kooperation und Transgeschlechtliche Lebensweisen. Sie lernt gerne neue Rezepte und ist leidenschaftliche Pilzsammlerin. www.flirren.net

MICHAEL HUDLER — *Fotograf*

Jg. 1970. Hat in Darmstadt Kommunikationsdesign studiert. Erhielt für sein Diplom „Gesellschaftsspiele"-Buchprojekt den BFF Förderpreis 2002. Publikationen in verschiedenen Magazinen, unter anderem BRAND EINS, ZEIT LEBEN, FORM, STERN, NEON, NEUE ARBEIT, SPIEGEL. Wohnhaft mit Familie in Darmstadt. Seine Tochter isst am allerliebsten Gummibärchen und Oliven. www.m-hudler.de

CHRISTIAN SÄLZER — *Journalist*

Jg. 1971. Hat in Frankfurt Soziologie studiert und die Zeitschrift DISKUS mit herausgegeben. Später arbeitete er als Redakteur für Politik und Gesellschaft beim JOURNAL FRANKFURT, ist heute freier Journalist. Kocht unter dem Label „Vokü deluxe" auch öffentlich, z.B. im Hafen2 in Offenbach. Ist überzeugt, dass ein Erdbeerkuchen niemals wieder so lecker schmecken wird wie der von Oma.

NINA SCHELLHASE — *Journalistin*

Jg. 1975. Hat Romanistik und Gesellschaftswissenschaften studiert, wurde im JOURNAL FRANKFURT zur Redakteurin ausgebildet (Politik / Gesellschaft) und arbeitet heute als freie Journalistin, unter anderem für das JOURNAL FRANKFURT, die FRANKFURTER RUNDSCHAU und Kundenmagazine. Kocht bei „Vokü deluxe", singt Jazz und liebt Zimt.

SEBASTIAN SCHRAMM — *Grafik Designer*

Jg. 1975. Hat in Darmstadt Kommunikationsdesign studiert und arbeitet heute als selbständiger Grafik Designer in seiner Agentur „Communication Design Services". Ist kreativ am Bildschirm wie auch am Herd. Macht in Thailand nicht nur Strandurlaub, sondern auch den einen oder anderen Kochkurs. www.cds-netz.de

Danke

Ein Kochbuch über die Restaurants in der eigenen Stadt zu schreiben, hat einiges für sich. Man darf sich stundenlang in fremden Küchen bewegen, echten Könnern über die Schulter schauen, hier umrühren, dort abschmecken und sich schließlich über die fertigen Gerichte hermachen. Köstlich!

Ein Kochbuch zu schreiben ist aber auch Arbeit, für die es viele Köpfe und noch mehr Hände braucht – in den Küchen und Büros. Allen, die auf die eine oder andere Weise mitgerührt, -geschnippelt oder zubereitet haben, sei hiermit aufs Herzlichste gedankt. Ganz besonders: Wolfgang Buechs, Matthias Eckert, Jutta Maier, Holger Priedemuth, Stephie Schramm, Jan Wagner, Julia Wichmann und Anne Wolf.